Lernpfad

1 Vorbemerkung

Weshalb erscheint dieser Schreibkurs vollanalog und nicht digital oder live? Die Gründe liegen auf der Hand. In den ersten beiden Jahren der Coronakrise 2020/21 haben viele Künstler, Workshopleiter und Institutionen versucht, ihr Programm online fortzusetzen. Manchen von ihnen ist dies gelungen, weil sie tatsächlich andere Formen finden konnten, die sich adäquat über Webstreams umsetzen ließen. Gerade Theater waren hier im Vorteil, wenn sie sich entschlossen, entweder ganz neue, den Distanzregeln gehorchende Stücke auf die Bühne zu bringen (also mit weniger Beteiligten in größerem räumlichen Abstand), oder wenn sie die vorhandenen Stücke so umkonzipierten, dass etwas Neues entstand. Einfaches Abfilmen machte vorher lebendige Aufführungen zu blutleeren Konserven, wie man sie auch unter anderen Umständen jederzeit hätte produzieren können.

Das fehlende Live-Erlebnis machte auch Autoren zu schaffen, die bei einer Lesung auf der Bühne ja an sich nicht viel Schnickschnack benötigen. Gerade diese Schlichtheit gereichte einigen Vortragenden aber zum Nachteil. Einerseits befriedigte die neue Umgebung, aus der heraus die in die veranstaltungsmäßige Quarantäne Verschobenen lasen, die Neugier des Zuschauers: Wie sieht es wohl bei Crauss zuhause aus? Wie viele Bücher besitzt Florian Neuner? Wie hat sich Safiye Can eingerichtet?

Die aufflutenden Online-Lesungen zeigten zweierlei: Die Bücherwand, vor der der Dichter las, wurde entweder als angeberisch empfunden oder als klischiertes Absurdum nach Art von Loriots »Melusine«-Lesung in *Pappa ante portas*. Zweitens, und tragischer, die Vortragenden beherrschten zu selten die ohnehin schlecht aufeinander abgestimmte Technik des 21. Jahrhunderts. Es ist nicht die erste Aufgabe eines Schreibenden, sich mit Video-Kniffen oder Kadrierungsgrundregeln auszukennen. Dass die Selfie-Kamera eines Mobiltelephons jedoch ein schlechteres Bild produziert als die Frontkamera und dass man den Spiegelmodus, der Plakate im Hintergrund, Buchtitel etc. ins Unleserliche verkehrt, korrigieren kann, sollte man, wenn schon nicht wissen, dann doch zumindest ahnen und recherchieren können. Außer den privaten Räumen der Künstler lernte man oft genug auch deren Katzen und Kinder kennen, die es sich wahlweise auf der Notebook-Tastatur bequem machten oder ihre eigene Show veranstalteten, sodass ein konzentriertes Zuhören und Aufnehmen des Vortrags verunmöglicht wurde.

Kurzum: Technik, Inspiration und widrige Umstände kollidierten 2020/21 in einem Maße, dass es zwar immer mehr Netzimprovisationen, gleichzeitig jedoch immer weniger Zuschauer gab. Oft schalteten nur zehn, manchmal nur fünf Menschen ein. Keine Frage: *Dass* etwas geschah und stattfand, sei gelobt! Gleichwohl machten die Interferenzen zwischen Ablenkung des

Privaten und technischer Starre auch Konferenzen und Workshops unproduktiv. Die Menschen hatten das Bedürfnis, sich in und nach der verordneten Distanz allgemein auszutauschen, und nutzten hierzu die thematisch ursprünglich anders und präziser ausgerichteten Konzepte von gestreamten Veranstaltungen.

Bei Schreibworkshops ist der zwischenmenschliche Austausch wichtig, einerseits zur Vergewisserung, dass man eine Aufgabe richtig verstanden hat, später zur Bestätigung, etwas Produktives und Interessantes geleistet, *geschöpft* zu haben. Auf digitalen Leitungen, die ein gleichzeitiges Sprechen nicht zulassen und es erfordern, dass man sich im virtuellen Raum umschaut, wer als nächstes an der Reihe ist, ist ein **motivierender Austausch** kaum möglich. Auch das Herumreichen von Texten, das gemeinschaftliche Arbeiten an Halbfertigem ist kaum umsetzbar. Man kann zwar eine Skizze in die Kamera halten, Details sind dann aber nicht zu erkennen. Allenfalls müsste man neben dem Konferenztool ein weiteres Programm bemühen, das Text zeitgleich zum visuellen Meeting abbildet. Noch weniger als die des Durchführenden ist es jedoch die Aufgabe eines Schreibkursteilnehmers, solche Programme aus dem Stand heraus zu beherrschen (und darüber wieder das Arbeiten an Ideen und Impulsen zu vernachlässigen).

Wie erhöht man also die **Konzentration aufs Wesentliche? Durch Reduktion aufs Notwendige**. Papier und Stift funktionieren fast immer, unabhängig von Ort, Zeit und Akkustand oder technischem Vorwissen. Und wenn zugunsten einer erhöhten Produktivität des Einzelnen die Trennung von den Kursteilnehmenden hilft, bedeutet dies einen Fortschritt durch ein Zurücktreten.

Das vorliegende Werkbuch gibt **Impulse zum Nachdenken sowie Anleitungen zum Verfassen der Gedanken**. Dabei ist jede Leserin und jeder Leser zunächst einmal allein mit dem zwischen den Übungen moderierenden Text, kann sich im Heft selbst, auf Kopiervorlagen und mithilfe eigener Medien weitere Gedanken machen, das Probierte ausfeilen, erweitern und zu einem fertigen Produkt ausarbeiten. Ein Werkbuch-Workshop wie der vorliegende lässt sich jederzeit wiederholen. Er lässt sich auch gemeinsam mit Freunden und Vertrauten durcharbeiten, auch Jahre später noch.

So schlicht und vollanalog das Arbeitsheft daherkommt, es verzichtet keineswegs auf die neuen Medien. Neben Beispieltexten gibt es Verweise ins Internet sowie die Möglichkeit, mit dem Kursleiter in Kontakt zu treten. Mehr darüber erfährst du in Kapitel 2.4 und in der Beschreibung des Arbeitsablaufs. Einen der elementarsten Tipps zum Gelingen dieses Workshops kann ich dir aber auch hier bereits geben: **Lass dir Zeit!**

Denn das ist der Vorteil gegenüber digitalen Kursen und selbst gegenüber Workshoptreffs im realen Leben: Du kannst das Tempo hier komplett selbst bestimmen. Warte nicht zu lang, bis du nach den Übungsanweisungen etwas aufschreibst (und sei es auch nur einen anscheinend lapidaren Aussagesatz ohne poetischen Wert), aber lass dir so viel Zeit, bis der Schreibimpuls sich in dir eingenistet hat. Das wird er nämlich, denn *language is a virus*, wie schon Laurie Anderson begriffen hat, als sie William S. Burroughs' Idee zur Geschichte *the ticket that exploded* in Musik umsetzte.[1]

1 Anderson, Laurie: Language Is A Virus (From Outer Space), Musikvideo auf YouTube: *v34h.de/anderson*.

2 Allgemeine Hinweise zum Werkbuch

2.1 Gendern, Sternchen, Binnen-i

Gendern legt eine Gesellschaft auf binäre Codes fest und ist insofern unklug, zumindest wenn man sich auf das Ausschreiben oder Abkürzen zweier Geschlechter, männlich und weiblich, beschränkt. Aber es ist ein sehr deutsches Hobby. Wie schwierig es sich mit dem Gendern in einer Sprache verhält, die einerseits weltgewandt sein, andererseits das Attribut-Mäntelchen der ›Dichter und Denker‹ zurecht nicht in die Altkleidersammlung geben möchte, kann man bereits an der Zwischenüberschrift sehen.

Das Wort ›Binnen-i‹ hätte, wenn es denn ein Geschlecht, nein, mehr als ein einziges Geschlecht, ausdrücken sollte, eigentlich ›BInnen‹ lauten müssen. Nun tauchen aber zwei Probleme auf: Erstens geht durch den ›korrekten‹ Gebrauch, also Großschreibung des i innerhalb des Wortes, sowohl der Sprachfluss flöten als auch die Ästhetik. Überdies verwechselt man je nach Schrifttype das große I mit dem kleinen l, nicht wahr?

Mein unentwegt poetisierendes und sinnsuchendes Hirn denkt bei »BInnen« entweder über bisexuelle Bienen nach, oder über Blinsen, also ostmitteldeutsche Eierpfannkuchen. Und das, mit Verlaub, ist Quark. Beides!

Mein Liebling beim Gendern ist hingegen das süße kleine Sternchen, das man gleichermaßen einem sehr männlichen Trucker* wie einem zarten Häschen* antupfen kann, und schon ist die weibliche und auf ihrer cis-Weiblichkeit bestehende, also mit ihrer biologischen Weiblichkeit im Einklang befindliche Lkw-Fahrerin genauso mitgemeint wie die Brummi-Butch, die zwar weibliche Geschlechtsmerkmale hat, ihre soziale Identität aber eher männlich empfindet.

Das Sternchen benötigt keine weiteren Anhängsel, wie sie oft in Gebrauch sind. In unserem Beispiel würde dann aus dem Trucker ein/e Trucker*in. Mal ehrlich: Erstens haben wir da plötzlich einen hässlichen Beamtenschrägstrich, und zweitens kriegen wir jetzt von der Butch eins auf die Fresse, denn sie ist weder ein männlicher Trucker noch eine Trucker-in, richtig? Und dass sie zwischen zwei ›Hauptgeschlechtern‹ so eingequetscht wird, passt ihr sicher ebenso wenig. Umgekehrt: Wenn von der Freundin* die Rede ist, dürfen sich ganz beherzt auch Zapfenträger angesprochen fühlen. Daher: Einfaches Sternchen für alle denkbaren Geschlechter und fertig.

Noch besser wäre, erst gar kein solches *Sonder*zeichen zu benötigen, denn es betont ja stets eine Sonderstellung, eine Behinderung: Der Rollstuhlfahrer* hat noch viele andere Eigenschaften, mit denen man ihn beschreiben kann. Er ist blond, zuvorkommend, laut oder sportlich gekleidet.

In den Formulierungen der Übungen weiter unten thematisiere ich zwar immer wieder eine binär codierte Welt, wünsche mir aber dringend auch non-binär angelegte Beiträge. **Kreativer Umgang mit Geschlechtern** bedeutet auch, dass das Sternchen nicht das wichtigste am Menschen oder einer Figur ist.

2.2 Die Duzung der Siezung, oder: Vorkenntnisse nicht nötig

Ach ja, du hast es längst bemerkt: Hier wird hemmungslos geduzt. Die Duzung der Siezung nennt man eigentlich ›kollegiales‹ Duzen. Also egal, wer du bist oder welchen sozialen Status du genießt: In diesem Werkbuch bist du Schriftstellerin*, Dichter*, Experimentierer* und Erinnerer*. Einfach Kollegin*, einverstanden?

Und genauso wenig, wie man den anderen vorher kennen muss, wenn man ihn oder sie während eines Workshops duzt, braucht man Vorkenntnisse fürs Unkreative Schreiben. Das Wichtigste ist die Lust am Ausprobieren.

Erfahrungen aus anderen Schreibkursen, aus deinem Beruf oder aus Freizeitlektüren können helfen, literarische Texte zu schreiben. Sie können es aber genauso gut verhindern, weil du womöglich zu sehr an dem Gelernten oder bereits Eingeübten klebst.

> Schreiben heißt, bisher unerhörte, nicht gesehene Dinge zu entdecken. Geht es nicht darum, besteht kein Anlass zu schreiben. Sei unbedingt experimentierfreudig – aber lass den Leser an deinem Experiment teilhaben. Schreibe über obskure Dinge, aber sei nicht selbst obskur. *W. G. Sebald*[2]

2 W. G. Sebald's Writing Tips. The Collected 'Maxims', recorded by David Lambert and Robert McGill (2001), online: *v34h.de/sebald.*

Übersetzt und kompiliert von Crauss.

W. G. Sebald beispielsweise hängt immer noch sehr am Ungesehenen, am Neuen. Diese Haltung geht weit zurück ins späte 18., frühe 19. Jahrhundert, als ein Geniekult aufkam. Der Dichter und Denker wartete auf Inspiration, wollte von den Musen geküsst werden und brachte dann mit Esprit und absoluter Originalität ein Meisterwerk aufs Papier. Diese Zeiten sind eindeutig vorbei. Wir leben im Zeitalter von Copy & Paste und haben mittlerweile gelernt, dass Kreativität nicht allein aus göttlicher Inspiration entstammt, sondern dass wir auf eine Art auch schonend mit den Ressourcen umgehen müssen, die uns zur Verfügung stehen. Ganz simpel entspricht das dem Bild der Müllvermeidung, nicht nur im Hinblick auf Verpackungsmaterial und Plastik. Bereits ein einziges Wort kann hohl und unbrauchbar werden, wenn man es zu oft benutzt. Jedes Kind weiß das und probiert es aus.

Alles ist schön, immer wieder

Übung 1

Gehe langsam durch deine Wohnung oder durch das Gebäude, in dem du dich befindest. Schaue dir alle Gegenstände genau an und sprich laut oder halblaut: »Der Stuhl ist schön«, »Das Glas ist schön« usw. Warte nicht zu lang zwischen Betrachten und Sprechen, versuche schneller zu werden, wiederhole das Spiel so oft, bis dir schwindlig wird oder dein Mund vom Sprechen ganz fusselig wird, du dich also immer wieder versehentlich versprichst.

Der Stuhl ist schön.

Diese Übung hat zwei Effekte: Du hockst während des Bearbeitens dieses Werkbuches nicht die ganze Zeit auf der Stelle, sondern lockerst dabei deinen Körper. Zum zweiten aber merkst du, wie sinnlos das ohnehin schon nicht ganz aussagekräftige Wort *schön* wird. Je häufiger du es sagst, desto wertloser wird es.

Es ist also nicht mehr genial, beispielsweise in einem Gedicht etwas als »schön« zu bezeichnen. Das Wort verlangt nach Ersatz, mindestens nach einem Synonym, besser noch nach einer Verbindung mit einem Vergleich oder einer Metapher. Ebenso un-genial wäre es, in einem Liebesgedicht die Worte *Herz* und *Schmerz*[3] aufeinander zu reimen. »Der erste, der Herz auf Schmerz gereimt hat, war ein Genie, der zweite ein Idiot«, soll der Schriftsteller Peter Rühmkorf einmal gesagt haben. Da ist etwas dran – und trotzdem möchte ich in diesem Werkbuch versuchen, den Idioten zu spielen und dir Schreibanlässe und Impulse zum Schreiben zu vermitteln, die dir gerade keine Genie-Verkrampfung abverlangen. Du wirst sehen, dass dennoch überraschende Ergebnisse herauskommen werden.

3 *v34h.de/herzschmerz*

In diesem Sinne gebe ich dir neben den Anlässen, die du selbst findest, die dir vielleicht sogar schwer im Magen liegen, weitere Impulse zu schreiben. Sebalds ›Leser‹ ist aber erst in zweiter Linie jemand, dem du deine Texte zeigst. Zuallererst bist du dein eigener Leser. Darum: **Experimentiere – und überrasche dich selbst!**

2.3 Allein, zu zweien oder in der Gruppe?

Dieser Kurs lässt sich problemlos alleine durcharbeiten, wobei ich das »Arbeiten« in Anführungszeichen setzen möchte. In der Gruppe oder mit einem einzelnen Schreibpartner* macht die Sache noch mehr Spaß, da man sich am Ende jeder Übung oder auch am Ende des Werkbuchs austauschen und über seine Eindrücke sprechen kann, ganz egal ob in der persönlichen Begegnung, per Mail, Messenger, Brief oder in einer Videokonferenz.

Das Vergleichen der Ergebnisse gibt neue Impulse, ohne dass eines davon als besser oder schlechter angesehen wird. Hier ist nicht die Konkurrenz im Sinne eines Wettrennens gefragt, sondern in der Wortbedeutung des **sich gegenseitig motivierenden Mit-Laufens**.

Zwar kann es für den Dichter*, also den professionell Schreibenden*, durchaus schweißtreibende Arbeit sein, nach der ersten Inspiration, dem Einfall, die Wörter, Halbsätze und Motive so zu ordnen, dass jeder Teil des Textes an genau der richtigen Stelle Platz findet und an keiner anderen Stelle stehen *kann* – also beispielsweise ein Gedicht so zu konzipieren, dass es zwar schön und genussreich ist, gleichzeitig jedoch einer vierstündigen Deutschklausur inklusive Strukturanalyse standhält.[4]

4 So hat es einmal der Malerdichter Olaf n. Schwanke im Gespräch gefordert.

Für die Hobbyschreiberin* steht die Überarbeitung, also das Selbstlektorat, bei dem man überflüssige Wendungen streicht, seinen Text noch weiter verdichtet und auf das Wesentliche reduziert, ohne dass er auseinanderbricht wie eine Skulptur, an der man zu sehr herumgefeilt hat – diese Art der Überarbeitung steht für diejenigen unter euch, die »einfach Lust aufs Schreiben und Erfinden« haben, an zweiter Stelle.

Zuallererst sollst du die Impulse spüren, die ich versuche, dir mit den verschiedenen Übungen zu geben. Das Nachdenken über Erlebnisse, das Erfinden von Begebenheiten und das schrittweise Aufschreiben und Kombinieren der Ideen stehen hier im Vordergrund.

2.4 Der Arbeitsablauf

Die Arbeitsweise bei den einzelnen Übungen ist für dich immer ähnlich:

1. Ich erzähle dir eine Geschichte oder stelle dir einen Text vor.
2. Du genießt, denkst eine kleine Weile über das Gelesene nach, besorgst dir eventuell sogar das erwähnte Buch in einer Bibliothek.
3. Du machst dir Notizen. Vielleicht fällt dir auch gleich ein ganzer Textabschnitt ein.
4. Womöglich fällt dir auch erstmal gar nichts ein. Das ist weder schlimm, noch hat es etwas mit *Un*kreativität zu tun. Im Gegenteil: Oft braucht die Inspiration einen Augenblick, um zu zünden. Manchmal sogar Jahre! Ganz so lange solltest du vielleicht nicht warten. Es *kann* einiges herauskommen bei diesem Kurs, es *muss* aber nicht.
5. Lass dir also Zeit und Luft. Lass dir die Lust nicht durch zu viel Druck vermiesen. **Luſtigkeit** und **Luftigkeit** liegen eng beieinander, wie man bereits erkennt, wenn man beide Begriffe einmal in Frakturschrift notiert.

wo ist die schöne lach? wo ist der trotze gang?
desz geistes lustigkeit? das spielen? der gesang?

So zitieren Jacob und Wilhelm Grimm Caspar Kirchner aus Martin Opitz' 1624 erschienenem *Buch von der deutschen Poeterey.* Und so brauchen wir alle etwas Luft zum Denken, sonst verlieren wir die Lust.

6. Nach einer Weile kannst du schauen, wie gut deine ersten Notizen zusammenpassen, und Ergänzungen einfügen, bestimmte Wörter und Zeilen umstellen, vielleicht auch die ein oder andere Dopplung wegstreichen: die Sache einfach ein wenig ordnen.
7. Egal, was dir während des Schreibens unpassend erscheint, lösche, kille oder streiche es niemals komplett aus der ersten Skizze, sodass es auch der beste Geheimagent* nicht mehr entziffern kann. Eventuell willst du später eine Phrase, die du zuerst exaltiert oder zu blumig und aufgedunsen wie Brechts Mädchenleiche fandest, doch noch verwenden. Zunächst hat sie deinen Schreibfluss gestört, jetzt wirkt sie seltsam elegant. Dann willst du das Wort wiederhaben, und ☹ 🙅 ✸ 🤷 👎[5]

5 Nada. Nichts. Niente. Rien ne va plus!

Als sie ertrunken war und hinunterschwamm
Von den Bächen in die größeren Flüsse
Schien der Opal des Himmels sehr wundersam
Als ob er die Leiche begütigen müsse.
[...]
Als ihr bleicher Leib im Wasser verfaulet war
Geschah es (sehr langsam), daß Gott sie allmählich vergaß
Erst ihr Gesicht, dann die Hände und ganz zuletzt erst ihr Haar.
Dann ward sie Aas in Flüssen mit vielem Aas.[6]

6 Brecht, Bertolt: Vom ertrunkenen Mädchen. In: ders.: Die Gedichte in einem Band. Frankfurt/M.: Suhrkamp, 1981, S. 252.

8. Wenn du fertig bist, fertige eine Reinschrift deines Textes an. Dabei ist es egal, ob das im Computer geschieht oder auf dem Papier. Wenn du dich für Papier entscheidest, nimm ruhig ein schönes, etwas dickeres Blatt oder ein hübsches Notizbuch, in das du auch sonst deine wertvollen Gedanken schreibst. Wichtig ist, dass du zufrieden bist mit deinem Text und gleichzeitig keine Angst davor hast, noch allerletzte Kleinigkeiten beim Abschreiben zu ändern – sei es ein Tippfehler, ein Satzzeichen oder ein Wort, das dir jetzt auf einmal falsch vorkommt und das du doch besser wieder durch das einer vorigen Version ersetzen möchtest. Gut, dass du deine Vorversuche nicht gelöscht bzw. nur einfach durchgestrichen hast. So ist, was du jetzt brauchst, leicht wiederherzustellen.

Deinen fertigen Text kannst du nicht nur deiner Familie oder deinen Freundinnen* zu lesen geben, sondern, wenn du möchtest, auch dem Kursleiter, also mir. Ich freue mich über Ergebnisse und Erfahrungsberichte, eventuell über Verbesserungsvorschläge oder Erweiterungswünsche zu diesem Werkbuch. Eine Kontaktadresse findest du ganz am Ende.

Apropos: Ich hatte ja bereits erwähnt, dass man sich meine Werkbücher sowohl einzeln als auch in der Gruppe vornehmen kann. Je nach Übung und Werkbuchthema gibt es im Heft Kopiervorlagen oder besondere Seiten, um etwas auszuprobieren. Falls es sich bei den Probierern aber tatsächlich um eine Gruppe handelt, wäre es nett, wenn jede Teilnehmerin* die Arbeit, die in diesem Projekt steckt, mit einem Kostenbeitrag würdigt, sich also entweder ein eigenes Heft zulegt oder gleich eine Gruppenbestellung aufgibt.

2.5 Die Zeit und das Notieren

Lass dir Zeit beim Durchlesen der einzelnen Abschnitte und beim Bearbeiten der Übungen. Einer der Vorteile dieses Werkbuchs gegenüber Online-Kursen oder auch solchen in Präsenz, die auf eine bestimmte Laufzeit angelegt sind, ist, dass du hier den ›Flow‹ selbst bestimmen kannst. Das ist zugleich eine Herausforderung und die erste Übungsaufgabe, noch vor jener, die ich in Abschnitt 2.2 gestellt habe. Wichtig dabei ist, dass du dich nicht ablenken lässt, sondern dich bewusst hinsetzt und dich damit befasst, was du mithilfe dieses Workshops erarbeiten möchtest. Das geht nicht ›nebenbei‹.

Und wenn ich »hinsetzen« sage, meine ich tatsächlich nicht nur deine innere Haltung, sondern ganz konkret auch deine Körperhaltung. Selbstverständlich sollst du es nicht unbequem haben. Du solltest aber jederzeit in der Lage sein, dir Notizen zu machen, an den Rand zu schreiben, Ideen zu skizzieren, die sonst verloren gehen – erst recht, wenn du es dir allzu bequem auf dem Sofa gemacht hast oder das Heft auf deinen Knien hin und her rutscht.

ach Hilflinge, rufe ich zu Blum, ach Nackenpanzerung Nakkenverpflanzung : so wie man sich eben verliest / verhört, so viel ist da, rufe ich zu Blum, so viel ist da wenn / ich meine : so viel *Lavoir oder Bechstein*, (auch in der ehemaligen Handtaschenfabrik unter dem Tonnengewölbe, neben dem van-Gogh-Bett 1 schwarzer Bechstein, bei aufgeschlagenem Notenheft, sage ich zu Blum, hättest du sehen sollen), wenn bei offenem Wasserkübel unter dem Schreibplatz ich meine einfach vergessen : stehengelassen unter dem Schreibplatz ALLES MARKUSPLATZ! : unter Wasser und die Zimmertaube, der weißhaarige Spitz, das junge Wiesel .. nur *Zebrahimmel* : die schwarzen gewellten Zeilen (Linien) auf dem weißen Papier, und auf die Pantoffeln : in die Pantoffeln hinein : der Reißfaden der Wassertröpfchen. Was hast du, sagt Blum, ich bitte dich, erkläre mir, was hast du mit : Wasser, hinwegflutenden Portionen, Fußbädern, Enigmas in Wasserspiegelung, Fährschiffen im Schreibzimmer, was hat das zu tun mit deiner Produktion, was *maschint* dich da fort?, äußerster Subjektivismus vermutlich, rufe ich, die Teiche anlegen lassen, zuhause, die Zimmerteiche, also mich einschleusen lassen in fremde *Nymphenpost*, usw.

159

Hier siehst du, wie Crauss liest: stets mit Bleistift, um auch Verleser, falsch Verstandenes etc. sogleich notieren zu können. Auf Seite 159 ihres Buches *brütt oder Die seufzenden Gärten* schreibt Friederike Mayröcker:

> [...] MARKUSPLATZ! : unter Wasser und die Zimmertaube, der weißhaarige Spitz, das junge Wiesel .. nur Zebrahimmel : die schwarzen gewellten Zeilen (Linien) auf dem weißen Papier [...]

Eigentlich steht gerade der Markusplatz in Venedig unter Wasser. Mayröcker sieht aber auch die gewellten Zeilen vor sich. Anscheinend ist ein Buch, das sie gerade liest, nass geworden. Bei der eingeklammerten Erwähnung der ›Linien‹ war wohl auch mein Blick, der des Lesers, etwas getrübt. Ich las stattdessen ›Lilien‹, vielleicht weil vorher explizit von Wasser die Rede war und wenige Zeilen später Teiche vorkommen, musste ich im Folgenden an Wasserlilien denken, die dann ein schönes Bild in einem meiner eigenen Texte ergaben.

Im zweiten Beispiel ist zunächst von einer »hingeschleuderten Schneiderschere« die Rede. Zusammen mit »ich bin der Scriptor, der wiedergekommen ist«, also mit dem Wort ›Scriptor‹ ergab sich der englische Begriff für Schere: ›Scissors‹, was wiederum ähnlich klingt wie ›Sisters‹, also die Mehrzahl von ›Schwester‹. Unwillkürlich musste ich an die queere us-amerikanische Musikband *Scissor Sisters* denken, die ich in einer Randnotiz zu einer einzelnen ›Scheren-Schwester‹ machte, die in später entstandenen Gedichten meines Buchs *DIE HARTE SEITE DES HIMMELS* zuerst einem Knaben die Locken beschneidet, bevor sie ihren eigenen Bruder ersticht.

> Der Nervenblick, sage ich zu Joseph, das unbetonte Bewegungssprechen, das Bedenken und Hauchen, das Schweigen der Trunkenheit, eine Unbedingtheit des Schreibens, Stillsitzens, hermetisches hysterisches Plagiat (Roland Barthes?), nämlich Foxtrott Schenkel : Frosch Schenkel der hingeschleuderten Schneiderschere und nun auf dem Kopfpolster als tragische Erscheinung, etc., ich bin der Scriptor, der wiedergekommen ist, und übe das Herzeigen : das Zurücknehmen, das Enthüllen : das Wiederverhüllen, *bis der Kopf davonfliegt* .. an einer Litfaßsäule die sich ausstülpenden triefenden Augen, blutig von Tränen, verwilderte Schläfenlocke, grausam schönes Angesicht, ukrainischer Mime.
>
> 297

Verlesen üben Meister macht

Übung 2

Lies dir entweder den Text auf der folgenden Seite oder eine wahllos aufgeschlagene Seite eines Romans bewusst flüchtig und oberflächlich durch, sozusagen mit halbem Auge. Notiere am Rand (evtl. erst bei einem zweiten Durchgang), welche Wörter oder Wendungen du falsch aufgenommen hast: Was hast du anders gelesen, als es tatsächlich da steht? Hat deine Variante mehr Sinn ergeben – und weshalb?

Photos: marvellous

mir fallen afrikanische sonnenwesen, naturwesen und ahnen ein, nicht papiermasken mit den gesichtern von mephisto, renaissance-fürsten oder viktorianischen intellektuellen, wie sie marvellous verwendet.

dennoch liegt meiner ansicht nach marvellous mit seinen aus einem reise- und alltagszusammenhang heraus entstehenden photographien nicht ganz fern den ethno-psychologisch auf einen festen ritus (das heisst zudem: auf einen festen kult-ort) bezogenen maskenaustragungen afrikas oder auch asiens.

gerade der anfang der in loser folge entstandenen portraits war zufall: der photograph hatte genauso wenig wie ich mit dem starken eindruck gerechnet, den ich hervorrief, als ich mir im sommer 2005 eine in einer ausstellung bereitgehaltene papiermaske vors gesicht hielt. es war eine laune, aus der heraus ich das tat. und wie durch eine laune der natur war ich mit einemmal ums kinn herum ein durchschnittlicher mann, auf augenhöhe und bei der frisur jedoch eine edeldame. ich dachte mir wenig dabei, so wie ich oft nicht den räumlichen oder gestalterischen hintergrund erkenne, in den marvellous einen mit sanfter hand weist, also: mit ganz spärlichen anweisungen dahin oder dorthin dirigiert, vielleicht darum bittet, nicht zu lächeln, ein wenig den kopf zu neigen, es aber meist dem gegenwärtigen »modell« überlässt, wie es die hand hält, wie weit offen die jacke ist oder ob es pantoffeln trägt etc.: *ob* es zu einem photo kommt, hängt von der stimmung ab, von der bereitschaft zum tragen einer maske. *wenn* es aber ans photographieren geht, weiss marvellous immer, wie das bild ausschauen soll. er weiss stets ein wenig mehr als der abgebildete.

hätte der an einem sonnigen apriltag 2007 portraitierte teufel denn ahnen können oder sogar müssen, dass marvellous ihn nicht einfach so, wie zufällig, vor einem weidezaun mit dem ende einer stacheldrahtrolle platziert? vielleicht. wahrscheinlicher ist, dass der portraitierte den zaun als zaun und den draht als draht wahrgenommen hat, gemeinsam mit dem baum im hintergrund dinge, die man eben bei einem spaziergang auf dem land sehen kann. hätte der portraitierte sich etwas dabei denken sollen, dass der photograph ihm die teufels-maske nahelegt, wo er die wahl der maske meist seinem gegenüber überlässt? marvellous hat hier wie bei anderen gelegenheiten die situation erfasst, das endgültige bild gesehen, noch bevor er die kamera bereit hatte oder einen konkreten rahmen durch ihren sucher festlegen konnte: ein holzkreuz, ein heiligenschein, und davor ein vom göttlichen strahl durchbohrter mephisto.[7]

7 aus: BEZWINGUNG EINES DÄMONS. marvellous masken. in: Crauss: SCHUNDFAKTOR: Hybride & Destillate. Berlin: Verlag Dreiviertelhaus 2018.

Übung 3

Meister-Macht über Verleser

Schreibe die gleiche Seite, die du für Übung 2 flüchtig gelesen hast, jetzt ab, indem du sowohl deine ›Verleser‹ statt der originalen Wörter einsetzt als auch weitere Ersetzungen vornimmst. Versuche, für so viele Wörter wie möglich Synonyme zu finden. Beispielsweise:

Am Strand baut ein Kind eine Burg aus Sand.

In Ufernähe errichtet ein Knirps eine Festung aus unverfestigten Sedimentkörnern.

Selbstverständlich sind Wörterbücher, Internetsuchmaschinen und Freunde oder Schreibpartner* als kleine Helfer völlig legitim und erlaubt. Es geht ja beim *Unkreativen Schreiben* eben nicht darum, ein *neues* Wort für ›Sand‹ zu finden, sondern bloß ein anderes, das bereits existiert.

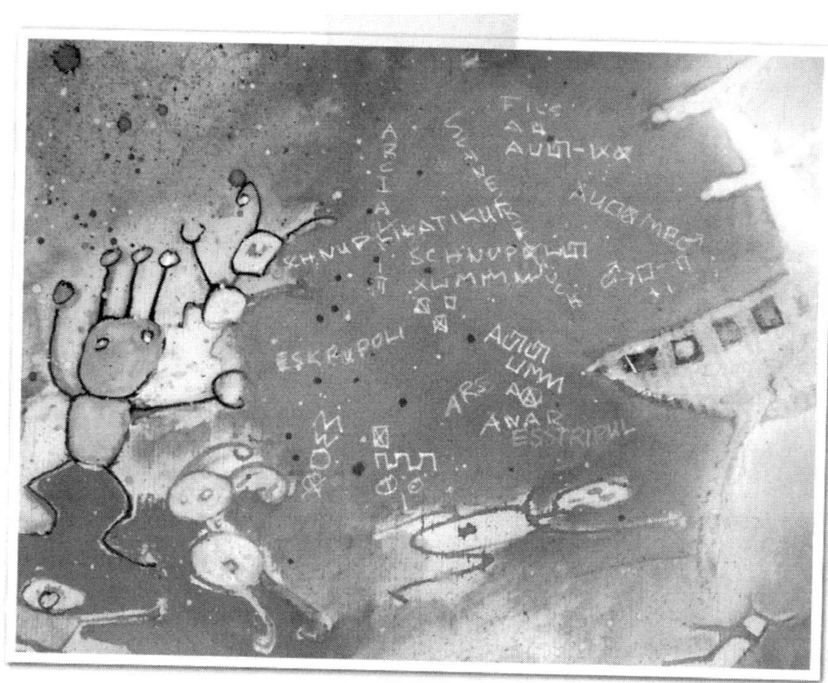

Romain Finke, »Weltraumbild für Henning« 1982 (Ausschnitt)

3 Der Kurs

Wie du bemerkt hast, hat der Kurs schon begonnen, bevor ich ihn dir richtig erklärt habe. Das will ich ergänzend zu den Bemerkungen zur Unkreativität, die ich oben bereits habe einfließen lassen, hier tun.

3.1 Eine nie dagewesene Masse an Text

In Kapitel 2 habe ich, was wir hier unternehmen, Schreibversuche genannt und auch schon angedeutet, dass das Schreiben sich nicht aus genialen Einfällen speisen soll, sondern aus den Abfällen der Sprache, mit der wir täglich umgeben sind. Konfrontiert mit einer noch nie dagewesenen Masse an verfügbarem Text besteht das Problem nämlich nicht darin, Neues und Originales hinzuzufügen, sondern mit den riesigen Mengen bereits existierenden Texts überhaupt fertig zu werden. So gesehen ist das vorliegende Werkbuch ein Waschbärenkurs: Wir stöbern in der Tonne, in die jemand beispielsweise das Wort *Schreibversuche* geschlagen hat, und zerlegen es in Einzelteile. So entsteht daraus eine Anweisung:

> SCHREIB VERSSUCHE!

Man könnte hier auch von Recycling sprechen: Wenn elektrische Geräte aufbereitet werden, zerlegt man sie zunächst in Einzelteile, reinigt die Komponenten und setzt sie genauso oder in neuer Kombination wieder zusammen. Jedes Wort, jeder Satz, jeder Text kann in diesem Sinne also ein *Transformer* sein.

Aus einem *Auto-Roboter* wird auf diese Weise dann eine *Rotor Tube A/O* (also mit Ein/Aus-Schalter) oder die *Eroto Braut* o (wobei das O zur Null wird, die geile Braut also ein unausgereifter Prototyp wäre).

Drehen und schrauben

Übung 4

Probier es selbst! Nimm folgende Wörter[8] auseinander und kombiniere die Buchstaben neu. Notiere auch, falls ein, zwei Buchstaben beim Kombinieren übrig bleiben. Das ist wie im wirklichen Leben: Ein Schräubchen fehlt am Ende immer!

- RAUBKOPIERER
- ROHRKREPIERER
- KUGELKONZERN
- KAFEEHAUSKETTE
- ORIGINALAUSGABE

8 Diese Wörter habe ich freilich nicht aus der Luft gegriffen, sondern meinem Aufsatz *EXTENDED CITATION* (im Buch SCHUNDFAKTOR) entnommen.

Der Text kopiert den Unkreativ-Spezialisten und Remix-Theoretiker Dirk von Gehlen in ausgiebigster Weise.

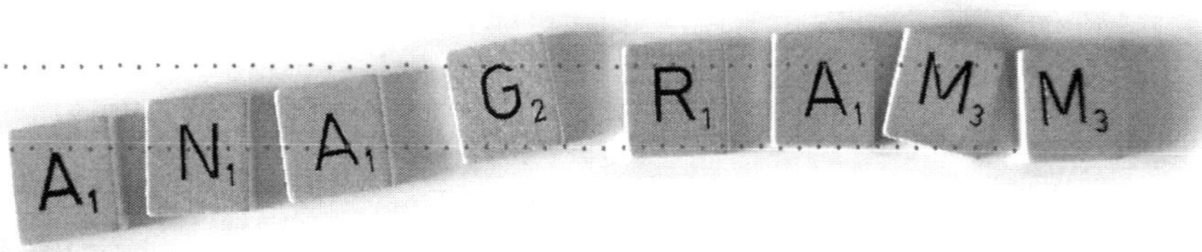

Der wichtigste Ansatzpunkt unseres Kurses ist also, mit dem zu arbeiten, was ohnehin vorhanden ist, es zu sammeln und im zweiten Schritt zu bearbeiten. Zum Sammeln gehört im Computerzeitalter auch immer das Copy & Paste, also das Kopieren und Einfügen von Inhalten an anderer Stelle. Das wirft – nicht in unserem Kurs, aber evtl. im wirklichen Leben – Fragen des Urheberrechts auf, allerdings nur insofern wir aus dem Kopierten nichts Eigenes machen.

3.2 Material Sprache

Sprache ist für uns erst einmal Material, die Texte, die wir daraus gewinnen, sind eine Art Remix. Wir folgen ein wenig dem Gedanken des amerikanischen Autors und Literaturprofessors Kenneth Goldsmith: »Schreibt ab, kopiert, klaut Texte, was das Zeug hält!« Denn kreativ zu sein ist ein Prozess, kein Ergebnis. Der Regisseur Jim Jarmusch zitierte vor einigen Jahren sein Vorbild Jean-Luc Godard: »Es kommt nicht darauf an, woher du etwas nimmst, sondern immer nur darauf, wohin du es führst.« Deshalb laute eine der grundlegenden Regeln des Filmemachens, sich an allem zu bedienen, was einen inspiriert und die Vorstellungskraft befeuert: »Verschlinge alte Filme, neue Filme, Musik, Bücher, Gemälde, Fotografien, Gedichte, Träume, wahllose Gespräche, Architektur, Brücken, Straßenschilder« – darauf werden wir noch zu sprechen kommen – »Bäume, Wolken, Gewässer, Licht und Schatten. Stiehl aber nur von solchen Dingen, die direkt zu deiner Seele sprechen. Wenn du das tust, wird dein Werk authentisch sein. Authentizität ist unschätzbar; Originalität gibt es nicht.«[9]

9 Jim Jarmusch: Things I've learned [Rules of Film Making]. In: MovieMaker Magazine #53, Winter, January 22, 2004. Online June 5, 2013: *https://v34h.de/moviemaking*;

Übersetzung des Zitats: Marcel Diel.

Texte und ihre Zusammenhänge können sich verändern, und manchmal wird die Welt erst durch Abschreiben handhabbar. Goldsmith fordert in seinem Buch *Uncreative Writing* das Plagiat und bewusste Unkreativität als radikale Strategie zur Erweiterung der Literatur. Plagiat, so Goldsmith, ist nur ein Problem, wenn man es nicht offen macht. Auch Jarmusch ermuntert: »[V]erstecke deinen Diebstahl nicht – feiere ihn lieber, wenn dir danach ist.«

Die beste Anekdote hierzu lieferte einst die Dichterin Friederike Mayröcker, die bekannt dafür war, alle möglichen Zeitungsausschnitte und Notizzettel in Wäschekörben zu horten und bei Inspirationsbedarf aus diesen Körben wie aus einer Lostrommel ein Zettelchen zu ziehen. Einmal soll sie eines der Notate für ein Schillerzitat gehalten und als solches in ihrem neuesten eigenen Text gekennzeichnet haben – bis eine Freundin sie darauf hinwies, dass es sich nicht um einen Ausspruch von Schiller, sondern um eine Sentenz aus einem früheren Buch von Mayröcker selbst handelte. Die Dichterin hatte sich also selbst zitiert. Sie hatte sich für Schiller gehalten.

Im Grunde ist die Auseinandersetzung mit dem Original-Kopie-Problem nichts Neues. Walter Benjamin hat die Reproduzierbarkeit des Kunstwerks im technischen Zeitalter schon Mitte der 1930er Jahre untersucht. Je ausgefeilter die Methoden des Kopierens werden, desto schwieriger wird es, Original und ›Fälschung‹ zu unterscheiden – im Grunde hat man heute bei einer digitalen Kopie zwei nicht unterscheidbare Originale. Je nachdem, was man erreichen will, ist, so Benjamin, der Originalwert eines Kunstwerks auch gar nicht mehr ausschlaggebend. Ein schönes Beispiel dafür sind Museumsshops. Die Menschen, die eine van-Gogh-Ausstellung besucht haben, nehmen schnell noch eine Postkarte des berühmten Gemäldes *Sonnenblumen in einer Vase* mit. In dem Moment ist ihnen die Postkarte genauso viel wert wie das Ölbild im Saal, denn es hat die gleiche oder zumindest eine vergleichbare Aura. Man munkelt sogar, manche Museumsbesucher gingen gar nicht mehr in die Ausstellung, sondern lieber gleich in den Shop.

Zeichnung nach van Gogh: Hanna Dusza

Mit dem Stichwort ›Sprache als Material‹ befinden wir uns aber zugleich auch bei der Avantgarde-Bewegung der österreichischen Literatur- und Kunstwelt der Nachkriegszeit. Im Gegensatz zu Deutschland, wo man nach dem Nationalsozialismus alles auf Null setzen und einen kompletten Neuanfang wagen wollte, versuchten die Österreicher an das anzuschließen, was sich *vor* 1933 als produktiv erwiesen hatte und dessen Weiterentwicklung durch das Hitlerregime unterbrochen worden war. Der sachlichen und bereinigten Sprache der deutschen Trümmerliteratur stellte man in Österreich Experiment und Spiel entgegen, was oft zu einer engeren Verknüpfung verschiedener Sparten führte: Bei Autorenlesungen wurden selbstverständlich auch Bilder gezeigt, es kam zu literarischen Cabarets und Bühnentänzen bzw. Tischtänzen, wie etwa Oswald Wieners *mens sana in corpore sano* oder dem *vergeblichen versuch das fliegen zu lernen*, einer Illustration des Wiener Aktionismus, einer Kunstbewegung zwischen 1962 und 1970.

Abb. aus Weibel, Peter (Hg.): Die Wiener Gruppe. S. 330 u. 339.

Das Politische der Literatur kam in Deutschland durch die Inhalte zur Geltung: Jedes Wort wurde gewogen, ob es noch verwendbar war nach den Jahren der Diktatur. Die Sprachabnutzung sollte reduziert werden auf das Notwendige, Texte sollten einen unmittelbaren Realitätsbezug haben. In Österreich ging und geht man eher über die Form der gebotenen Kunst. Das ist natürlich stark vereinfacht dargestellt und nimmt keine Rücksicht auf den ja trotzdem vorhandenen Austausch zwischen den Ländern und Kulturen, reicht uns als Überblick für dieses Werkbuch aber aus.[10] Richtig ist, dass es trotz aller Weiterentwicklung der beschriebenen kulturellen Stränge lange Zeit keine entscheidend neuen Impulse gab, wie man mit und in der medial sich globalisierenden Welt schreiben kann. Mit dem Aufkommen des Internets gab es zwar Versuche, ›online‹ zu schreiben;

10 Wer mehr über die sprachlichen und literarischen Prozesse der Nachkriegszeit erfahren möchte, erfährt viel Atmosphärisches in Hans A. Neunzigs Buch über Hans Werner Richter und die Gruppe 47 (siehe Bücherliste).

bis auf seltene Ausnahmen, die sich daran machten, *mit* den postmodernen Formaten Texte zu produzieren (z. B. in der Web-Sprache HTML), gab es entweder jene, die sich bemühten, die Internet-Welt nun auf Papier abzubilden oder Texte im Netz zu publizieren, als bestünde das www aus Papier. Man erkennt das Scheitern beider Versuche heute oft daran, wie z. B. Behörden Formulare einfach auf ihre Website hochladen, ohne sie online ausfüllbar zu machen. Man muss diese Formulare dann halt doch wieder erst ausdrucken, ausfüllen und einscannen, bevor man sie per Mail dem entsprechenden Amt schicken kann. Das ist nicht zeitgemäß.

Zeitgemäß ist eigentlich auch nicht, was dieses Werkbuch macht. Neben den in der Vorbemerkung erläuterten Gründen, weshalb ein Schreibkurs vollanalog daherkommt, gibt es aber noch einen anderen wichtigen Grund: Es hat selbst im 21. Jahrhundert nunmal immer noch nicht jeder* stets und ständig ein Tablet, Notebook oder einen Computer zur Verfügung. Wenn's hoch kommt, gibt's ein Mobiltelefon, aber selbst hier überschneiden sich häufig Fragen von Armut und Verfügbarkeit. Denn nicht jeder, der ein Handy hat, hat auch Datenvolumen ... An-, ab-, be-, um-, zu-, her-, zer-, aus-, er-, weg-, ein-, auf-, fort-, nach-, über-, unter- und mitschreiben kann man auf Papier aber jederzeit und in vielfältiger Weise. Insofern ist Kenneth Goldsmiths Poetik vom *produktiven Kopieren* nicht nur ziemlich zeitgemäß, sondern funktioniert auch unabhängig von irgendeinem technischen Leistungsdruck.

Machen wir uns also an die Arbeit – und damit erstmal eine Pause. Pausen verhelfen dir, nach einer Weile starren Denkens wieder kreativ zu werden. Lies etwas, mach ein bisschen Haushalt und versuche, dich an das Gelesene zu erinnern. Jedes Erzählen, sei es bei einer Plauderei unter Freunden, als Zeitzeuge oder in einer Prüfung, basiert auf dem, was wir erinnern. Oft erinnern wir sogar Dinge, die wir gar nicht selbst erlebt haben. Du kennst das von Erlebnissen aus deiner Kindheit: Eventuell weißt du von einem Osterspaziergang oder vom Missgeschick deines Onkels beim Christbaumschmücken bloß, weil es Fotos davon gibt oder deine Eltern davon erzählen. Du warst wohlmöglich gar nicht selbst dabei oder einfach zu jung, um es tatsächlich selbst zu erinnern.

Ein ähnliches Prinzip manifestiert sich beim Spiel *Stille Post*: Wir erzählen dem Spielpartner zwar, was wir wirklich gehört haben – aber entspricht es tatsächlich dem, was der Vorgänger uns ins Ohr geflüstert hat? Auch die Brüder Grimm haben die Märchen, die sie in verschiedenen Regionen Deutschlands gesammelt haben, miteinander verglichen und aus zwei unterschiedlichen Versionen des adligen Mädchens, das sich im Wald verläuft und einer Truppe Bergarbeitern begegnet, eine Mischfassung gemacht. Disneys smarte Adaption von *Schneewittchen* 1937 war dann so prägend, dass wir beinahe vergessen haben, wie schaurig Grimms ›Original‹ um die Scheintote ist. Mindestens die böse Schwiegermutter muss am Ende in die vom Kohlenfeuer »rotglühenden Schuhe treten und so lange tanzen, bis sie tot zur Erde fiel«.

Lies und erzähle

Übung 5

Lies eines der (kürzeren) Märchen der Brüder Grimm und versuche, es nach einer Weile möglichst vollständig dir selbst oder jemand anderem wiederzuerzählen. Stelle dir vor, du seist der einzige, der diesen Text nach einem vernichtenden Bibliotheksbrand noch rekonstruieren kann. Beobachte dich selbst, wie du Passagen, die du vergessen hast, ergänzt oder Lücken durch eigene Zutaten füllst.

Anhang Nr. 2

Die Hand mit dem Messer

Es war ein kleines Mädchen, das hatte drei Brüder, die galten bei der Mutter alles, und es wurde überall zurückgesetzt, hart angefahren und mußte tagtäglich morgens früh ausgehen, Torf zu graben auf dürrem Heidegrund, den sie zum Kochen und Brennen brauchten. Noch dazu bekam es ein altes und stumpfes Gerät, womit es die sauere Arbeit verrichten sollte.

Aber das kleine Mädchen hatte einen Liebhaber, der war ein Elfe und wohnte nahe an ihrer Mutter Haus in einem Hügel, und sooft es nun an dem Hügel vorbeikam, so streckte er seine Hand aus dem Fels und hielt darin ein sehr scharfes Messer, das von sonderlicher Kraft war und alles durchschnitt. Mit diesem Messer schnitt sie den Torf bald heraus, ging vergnügt mit der nötigen Ladung heim, und wenn sie am Felsen vorbeikam, klopfte sie zweimal dran, so reichte die Hand heraus und nahm das Messer in Empfang.

Als aber die Mutter merkte, wie geschwind und leicht sie immer den Torf heimbrachte, erzählte sie den Brüdern, es müßte ihr gewiß jemand anders dabei helfen, sonst wäre es nicht möglich. Da schlichen ihr die Brüder nach und sahen, wie sie das Zaubermesser bekam, holten sie ein und drangen es ihr mit Gewalt ab. Darauf kehrten sie zurück, schlugen an den Felsen, als sie gewohnt war zu tun, und wie der gute Elf die Hand herausstreckte, schnitten sie sie ihm ab mit seinem selbeigenen Messer. Der blutende Arm zog sich zurück, und weil der Elf glaubte, seine Geliebte hätte es aus Verrat getan, so wurde er seitdem nimmermehr gesehen.

3.3 Lass dich nicht ablenken vom Spontansein

Die bisher nie dagewesene Masse an Text, ob in der Einkaufspassage oder im Smartphone-Messenger, ist also der eine Anlass, über Kreativität neu nachzudenken, Sprache als Material zu begreifen, mit dem wir immer wieder Neues bauen können, ohne aufwändige Bohrungen im Genie-Schutzgebiet vornehmen (also etwas neu erfinden) zu müssen.

Dirk von Gehlen sieht das ähnlich, stützt sich in seinem Buch *Anleitung zum Unkreativsein* vor allem auf eine negative und in wirtschaftlich-beruflichen Zusammenhängen wirkende Kraft der Unkreativität, also auf die Ablenkung von allem, was gegen die gewohnten Bahnen geht. Das Buch ist eher an diejenigen gerichtet, die im Job kreativ sein müssen und denen ein Wechsel der Perspektive guttut. Es will durch eine ironische Sichtweise lehren, herkömmliche, durch Anleitung gesteuerte Kreativprozesse zu unterdrücken, so ähnlich wie man auf einer Party ein gezwungenes Lächeln unterdrückt. Gehlen will seine Leser und sich selbst davon freimachen, alles müsse von Beginn an super neu und innovativ sein.

Das können wir nutzen, auch wenn wir nicht als Werbetexter, Webdesigner oder Wohnraumgestalter am Werkbuch arbeiten. »Man kann eine Menge tun, um zu verhindern, dass eine Lust am Neuen entsteht«, schreibt der Autor in einem Newsletter. Und ja, *Anleitung zum Unkreativsein* ist leider eins von den Büchern, das einem die Lust nimmt. Denn die Herangehensweise ist so gezwungen »mit einer gehörigen Portion Witz« (Verlagswerbung) unterlegt, dass dieser eben auch die Impulse unterdrückt, die ein echtes Kreativergebnis hervorbringen, auch wenn es spontan und ohne Druck kommt. Andererseits: Wenn einem nichts einfällt, hat das noch nichts mit Unkreativem Schreiben zu tun, sondern evtl. mit der fehlenden Ablenkung vom eigentlichen Vorhaben, dass man also allzu krampfhaft versucht, ans Ergebnis zu denken, ohne die Zwischenschritte überlegt zu haben.

Mein Vorschlag lautet deshalb: **Wir nehmen die Sprache als Material, vermeiden krampfhaftes Kreativsein, lassen uns aber nicht davon abbringen, spontane Ideen einzuflechten in das, was wir gerade tun.** Achte also einfach darauf, was dir gefällt, was du wahrnimmst – und nicht auf das, was du wahrnehmen *sollst*.

Es gibt eine Menge Motivationshilfen, die einem raten, sowohl gute als auch schlechte Gewohnheiten zu ›tracken‹, also täglich oder wöchentlich aufzuschreiben, was wie funktioniert hat. Ich selbst wende diese Methode ebenfalls an, um ein wenig in den Blick zu bekommen, wie ich bewusster mit meinen Stimmungen, Ideen und Nachlässigkeiten umgehen kann.

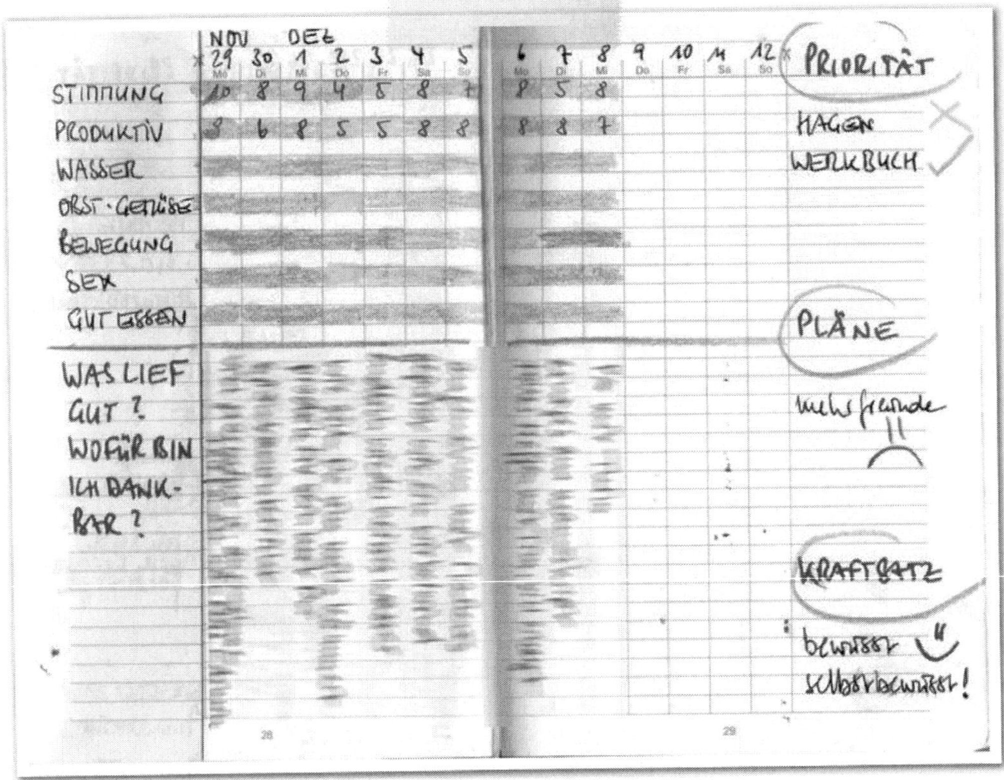

Notiere, was dich ablenkt

Übung 6

Mach dir im Verlauf des Workshops eine kleine Liste. Schreibe jedesmal auf, was dich wann vom Weitermachen abgelenkt hat. Fürs Life-Tracking kannst du Gedanken anstellen, welcher Punkt häufiger vorkommt, welchen Grund das hat, ob und was du daran ändern möchtest etc. Fürs Unkreative Schreiben kann sich schon aus der Liste der Ablenkungen eine kleine Geschichte ergeben:

- Beschreibe jemand anderen (eine Figur, mit Uhrzeit), dessen Tagesablauf nur aus deinen Ablenkungen besteht.
- Beschreibe die Ablenkungen als auf- und abschwingende Linie/Sinuskurve.
- Ergänze deine Ablenkungen durch andere Dinge: Kombiniere sie mit Getränken, die in deiner Wohnung zu finden sind (z. B. »Spülmaschine ausräumen: Sekt; Wäsche aufhängen: Wein«).

»Kreativität heißt vor allem, das Bestehende anders zu sehen und dann auch herauszufordern«, sagt Gehlen in seinem Newsletter. Damit hat er nicht unrecht. Vor dem *anders* Sehen – und das ist *mein* Ansatz – geht es aber überhaupt erstmal ums *Sehen*. Die kreative Fehlerkultur, die Gehlen fordert, kann ja erst entstehen, wenn man die Absicht voraussetzt, etwas richtig machen zu wollen. Wenn ich etwas tue, dessen Ausgang ich mir noch nicht überlegt habe, kann ich keine Fehler machen. Erst wenn ich mir vornehme, eine Seite eines Buchs genau abzuschreiben, kann ich mich verlesen, verschreiben, versehentlich eine Zeile auslassen etc.

Probieren wir es doch einfach mal aus! Bevor Herr Gutenberg im Jahre 1450 die beweglichen Lettern und damit den modernen Buchdruck erfunden hatte, mussten Bücher von Hand abgeschrieben werden, um weitere Verbreitung zu erlangen. In Mittelalterfilmen, beispielsweise Jean-Jacques Annauds Adaption von Umberto Ecos Roman *Der Name der Rose*, sieht man immer wieder Mönche im Skriptorium stehen und wertvolle Handschriften kopieren und verzieren. Diese Abschriften wurden oft mit anderen, thematisch passenden Kopien gebündelt, in der Klosterbibliothek verwahrt oder anderen Abteien ausgeliehen, wo sie wiederum von frommen Brüdern vervielfältigt wurden usw. Auch wenn die Mönche auf Genauigkeit bedacht waren, entstanden natürlich Fehler und damit wie im Kinderspiel eine Art Stille Post: Am Ende hört/liest man etwas ganz anderes als im Anbeginn Wort war.

aus: Medieval Life Illustrations. Dover Publications 1996.

Klosterbruder, schreibe!

Übung 7

Wie gut bist du im Kopieren? Schreibe die folgende Seite einfach mal auf einem leeren Papier ab. Völlig unkreativ, ganz stupide, möglichst ohne groß nachzudenken. Schaffst du das?

da, schau: eine schwarze katze von links. sie trippelt mit ihren vorderpfoten über die strasse, während der hintere teil ihres körpers bei der hausecke stehen bleibt, von der aus sie uns einige momente lang beobachtet hatte. das tier dehnt sich aus wie angewärmtes gummi, das dadurch eine grössere elastizität erreicht und nicht gefahr läuft, zurückzuschnappen. das ist es vor allem, was ich mir von der *geschichte* erhoffe: die wirkung der verfremdung, die herausforderung zur selbst- und zur prüfung der scheinbaren gegebenheiten, die erfahrung von alternativen. wir würden erwarten, die katze fluppe zurück spätestens, wenn sie die andere strassenseite erreicht. durch die behauptung von wärme aber schlagen wir (wer eigentlich?) der erwartung ein schnippchen, und das investigativ

WAS MACHT DIE KATZE WARM

wird so umgangen, dass wir ein auto in den raum, vielmehr: auf die strasse stellen. es ist voll aufgezogen, die zahnräder können sich drehen, die schraube im innern sich entspannen, schnurren wie ein kätzchen hinterm ofen und der katze auf offener fahrbahn in die eingeweide brettern. was geschieht? jetzt dehnt sich die schwarze kaugummikatze nicht mehr nur der länge nach aus, sondern auch zur seite und reisst entzwei. die katze war nicht warm genug. während das automobil weiterbrettert und erstaunlicherweise nicht wie erwartet gegen eine der pappmaché-kulissen crasht, und während der vorderteil des armen tiers nach irgendwo davonflutscht, bleiben die hinterbeine mit dem katzenarsch weiter an der hausecke stehen, als wär nichts gewesen. erstaunliches gleichgewicht, halbe katze auf zwei beinen. der rest der vorderkatze hat sich wie eine bauchnabelschnur zusammengekringelt, sieht ein bisschen aus wie altes lakritz.

das kind muss aus der erwachsenengesellschaft entfernt werden. man kann sich ja kaum unterhalten bei dem ewigen krach. das kind muss entfernt und aufgeklärt werden, wir befinden uns schliesslich nicht mehr im mittelalter, wo man durch die gespräche der erwachsenen hindurchtollen kann, als seien es spielbälle, die sie sich zuwerfen und von denen das kind einerseits nicht getroffen werden (»c'est la règle«), andererseits diesen gesprächsbällen eine andere, unerwartete richtung geben darf und soll, damit die unterhaltung interessant bleibt. die erwachsenen unterhalten sich miteinander über das kind. über das medium kind. alles, was das kind sagt, trägt einzig dazu bei, die allgemeinen gespräche in gang zu halten.

116

Diese Übung war eine Variante der zweiten Schreibübung weiter oben. Kenneth Goldsmith beschreibt in *Uncreative Writing*, wie er für ein Buch einmal eine Ausgabe der New York Times komplett abgeschrieben hat: den gesamten Text, sogar die Wörter auf den Fotos und in den Werbeanzeigen. Er kam schließlich auf üppige 900 Seiten ... Die Vorlage verändert sich also beim Kopieren.

Du wirst deine Sache sicher ebenso gut gemacht haben. In den allermeisten Fällen wird sich deine Abschrift der vorgegebenen Seite aber in mehrfacher Hinsicht von der Vorlage unterscheiden: Eventuell hast du Flüchtigkeitsfehler gemacht, dich verschrieben oder ein Wort falsch interpretiert und statt ›Beinen‹ automatisch ›Bienen‹ geschrieben. Wenn es mit dir durchgegangen ist oder du mutig warst, hast du an einer bestimmten Stelle vielleicht auch das reine Abschreiben aufgegeben und deinen eigenen Text verfasst. Bravo!

Aber schon auf der rein formalen Ebene wird sich Kreatives in diese ganz unkreative Aufgabe eingeschlichen haben, ohne dass du es richtig wahrgenommen hast: Deine Handschrift unterscheidet sich vom Druckbild, außerdem macht es einen Unterschied, ob du mit Kuli, Bleistift oder Tintenfüller kopiert hast. Wahrscheinlich hat der Block, auf den du geschrieben hast, ein ganz anderes Format als die Buchseite, ist liniert, kariert oder gepunktet. Durch das andere Layout konntest du auch nicht den Zeilenumfang der Vorlage einhalten, hast entweder längere oder kürzere Zeilen geschrieben, Wörter getrennt, die im Buch nicht getrennt stehen, etc.

Zweck der Übung war also, dir zu zeigen, dass selbst so eine simple Aufgabe wie etwas abzuschreiben unbewusst kreative Auswirkungen haben kann, dass du an einigen Punkten Entscheidungen getroffen hast, den kreativen Prozess also in die Hand genommen hast, obwohl du dich ja bloß leiten lassen wolltest.

3.4 Anknüpfen

An die Abschreibübung lassen sich mehrere Anschlüsse finden und das *Uncreative Writing* als Übergang zum Kreativen Schreiben nutzen. Dies ist vor allem nützlich in Situationen, wo die Inspiration auf sich warten lässt, man keinen Anfang findet oder einfach nicht weiterweiß.

Übung 8

Extraktgedicht

Beispielsweise kannst du aus deiner Abschrift nun ein Gedicht extrahieren. Kondensiere dazu die Buchseite aufs Nötigste, dampfe sie immer weiter ein, d. h. streiche alles, was du nicht für ein Gedicht gebrauchen kannst: Verkürze umständliche Wendungen auf einfache Redeweisen, überlege dir Synonyme für unsinnliche Wörter (bspw. ›Museum‹ für ›Kunsthalle‹ oder ›Veston‹ für ›Jacke‹) usw. Manchmal ergibt sich bereits aus einem oder zwei Sätzen ein Sinngedicht – man muss dann diese Sätze bloß ausschneiden, etwas feilen und die Zeilen so umbrechen, dass sich ein gewisser Rhythmus ergibt.

Umgekehrt lässt sich ein Ausschnitt aus einer Vorlage beliebig erweitern. Hast du dir etwa einen Absatz aus einem Roman vorgenommen, kannst du ihn als Kern einer eigenen Geschichte verwenden. Denn aus was besteht ein Roman, aus was besteht das Leben, wenn nicht aus vielen zusammengesetzten kleinen Anekdoten?

Anschlüsse finden

Übung 9

Nimm dir entweder ein Buch, das du noch gar nicht kennst, oder eines, das du vor langer Zeit gelesen hast und an das du dich kaum erinnern kannst. Es sollte sich möglichst um einen Roman, jedenfalls einen ›erzählenden‹ Text handeln (später und mit ein bisschen Training kann man sich auch Sachbücher oder Zeitungsartikel vornehmen). Schlage das Buch an irgendeiner Stelle (außer am Anfang oder am Ende) auf, lies nur einen einzigen Absatz (max. eine Dreiviertelseite), merke dir die Seite und klappe das Buch wieder zu. Schreibe nun einen neuen Anfang, der auf den gelesenen Absatz hinleitet, oder eine Fortsetzung / ein Ende der kurzen Episode.

Photo: Uwe Schindler / Pixelio.de

3.5 Freie Entscheidung

> Menschen produzieren mehr Sprache als alles andere. Wir bekommen nicht einmal mit, wie viel wir produzieren. Ich habe einmal ein Buch geschrieben, das nur aus den Worten bestand, die ich vom Aufstehen am Montag bis zum Ins-Bett-Gehen am folgenden Sonntag gesprochen habe. Jedes Wort, ungekürzt, 600 Seiten lang.

Das mag zwar unlesbar sein, aber es ist inspirierend.

> Und auch diese Idee mit dem Ausdrucken des Internets. Also einerseits machen wir das dauernd, es gibt kaum jemanden, der nicht diese stapelweise Sachen hat, die er mal noch lesen will. Auf der anderen Seite ist es auch ein Beweis für diese übermächtige Masse, die da an Texten tagtäglich auf uns eindrückt. [...] Wir wollen es alle bewältigen, aber wir können es nicht bewältigen.[11]

11 aus: Goldsmith, Kenneth: Uncreative Writing. Sprachmanagement im digitalen Zeitalter. Aus dem Amerikanischen übersetzt von Swantje Lichtenstein und Hannes Bajohr. Erweiterte Ausgabe. Berlin: Matthes & Seitz, 2017.

Vielleicht muss man das Internet nicht 1:1 abschreiben, um eine Story zu ernten. Man kann auch einfach einen Blick auf den persönlichen Browserverlauf werfen: Welche Website habe ich zu welcher Uhrzeit besucht, ›wo‹ war ich vorher/nachher? Das ergibt einen oft abrupten, unzusammenhängenden Verlauf, manchmal wirken die einzelnen Schritte jedoch sehr logisch. Ein Text im literarischen Sinne wird aus deinen Browserverläufen dann vor allem durch die Strukturierung, also wenn du in einem weiteren Arbeitsschritt die Einträge in eine bestimmte Reihenfolge bringst.

Übung 10

Verlauf dich im Browser

Sei mutig und notiere einmal etwa eine A4-Seite lang den Verlauf deiner letzten Internet-Aktivitäten (falls du nicht weißt, wo dein Browser die Einträge speichert, frag am besten die Suchmaschine, denn jeder Anbieter schlägt einen anderen Weg vor). Du kannst entweder nur die Titel der Websites ohne das *http://www* aufschreiben, du kannst aber in einem zweiten Arbeitsschritt auch nochmal aktiv auf den Startbereich der jeweiligen Website gehen und eine Kurzbeschreibung hinzufügen, beispielsweise:

- STADT SIEGEN: überblick über die bildungsmöglichkeiten und kulturellen aktivitäten mit dauerhaften und saisonal begrenzten angeboten
- FORUM STADTPARK: sunday in the park
- GAY PARIS: cruising- and fetish-guide
- MALE GENERAL: bringing boys together. imageboards index
- HYPNAGOGIC TRAVELS / HRS: hotel reservation service

Photo: step85 / Pixelio.de

Wer lieber mit Papier als mit dem Computer arbeitet oder wer eine gewisse Auswahl an Romanen zuhause hat, kann die Aufgabe auch variieren:

Aller Anfang

Übung 11

Schreibe die ersten Sätze aus allen Büchern ab, die sich in greifbarer Nähe befinden, und lies dir die Abschrift laut vor, als handele es sich dabei um einen zusammenhängenden Text. Du wirst sehen, dass sich viel mehr Geschichten in den Geschichten verstecken, als du vermutet hast. Um den Lesefluss nicht zu stören, lasse ich im Beispiel unten bewusst die Angaben der Zitate weg. Die meisten Quellen kann man ohnehin sehr leicht nachschlagen.

Es war am zweiten Tag des Aranmanoth im Jahre des Herrn 925.

Johannes, ein Spielmann mit Leib und Seele, und seine geliebte Gemahlin Richild machten sich bei Tagesanbruch auf ihren Weg von Ingelheim in Franken zum Jahrmarkt nach Mainz.

Fünfzehntausend Menschen drängen in dieselbe Richtung.

Der Wind pfiff scharf durch die alten Gassen der Stadt. Es war ein ungewöhnlich kalter Oktober. Der Herbst hatte sich dieses Mal früher über das Land gesenkt als all die Jahre zuvor.

In dieser Nacht war es nicht schwer, sich zu verbergen. Den Mond hatten die Nebel verschluckt und das Getier im Unterholz knackte und zirpte, sodass jeder Schritt auf dem Waldboden übertönt wurde. Jemand schnarchte in der Kutsche und Lorrnya sah, dass die Pferde unbewacht waren.

An einem Tag in nicht allzuferner Zukunft ereignete es sich, dass ein Mensch durch einen Zufall das Geheimnis des Universums entdeckte. Dieser Mensch hieß Adam. Das ist hebräisch und bedeutet: aus Erde.

Bannockburn ist eines dieser beschaulich kleinen, ordentlichen Dörfer in Schottland, eingebettet in sattem Grün, umblökt von dicken Kühen auf weitläufigen Wiesen – ein Postkartendorf, das man gerne seinen Freunden nach Hause schickt.

Im Anfang war das Wort, und das Wort war bei Gott, und Gott war das Wort.

Wie wenn es aus dem Nebel gekommen wäre, so wurde das schöne Schiff plötzlich sichtbar.

Augenblick! – *Was ist?* – Auftrag ausgeführt. Die Sache ist rund. – *Welche Sache?*

Am Fastnachtsamstag des Jahres 1913 – es war ein trübkühler, dämmeriger Nachmittag Mitte Februar – betrat ein Mensch in der Uniform des sechsten Dragonerregiments durch einen Nebeneingang am Liebfrauenplatz das schwach erleuchtete Seitenschiff des Mainzer Doms.

Im Schatten eines mächtigen Felsens saß Wilhelm an grauser, bedeutender Stelle, wo sich der steile Gebirgsweg um eine Ecke herum schnell nach der Tiefe wendete.

Als ich spät am Abend ankam, verirrte ich mich auf dem Weg vom Bahnhof zu meinem Quartier sogleich und geriet dabei auch auf den Campo San Pantalon.

Vierundzwanzig braune Sklaven ruderten die prächtige Galeere, die den Prinzen Amgiad zu dem Palast des Kalifen bringen sollte.

Es handelte sich für die Luftverkehrsgesellschaften darum, an Schnelligkeit mit den anderen Beförderungsmitteln zu wetteifern.

Winter musste geträumt haben, denn ohne dass er es bemerkt hatte, war er in die falsche Richtung gefahren. Die Stadt zog an ihm vorbei wie ein überbelichteter Film, eine Fieberphantasie aus Hitze und Staub, und Winter klappte den Blendschutz runter.

Am Morgen war alle Nässe erneut überfroren. Alles gerade noch Schmelzende, hinfällig Einfarbige war wieder fest, erstarrt in einem einzigen Kälteschock. Der Boden trug wieder.

Im Ernstfall solle ich mich einfach flach auf den Boden werfen.

So, also hierher kommen die Leute, um zu leben, ich würde eher meinen, es stürbe sich hier.

Es war die Sorte Party, bei der der Gastgeber kleinen Kindern die Herzen rausschneidet und dann ne Colaflasche in die blutige Wunde steckt, damit seine Gäste ihren Spaß haben.

Wie du sicher bemerkt hast, habe ich hier und da ein wenig geschummelt und nicht nur den jeweils ersten Satz, sondern auch den oder die darauf folgenden aus einem Buch kopiert. Das habe ich gemacht, weil ich bereits beim Kopieren das Gefühl hatte, dass sich auf diese Weise ein besserer Anschluss für einen x-beliebigen weiteren Romananfang ergäbe.

Schummeln ist – um das nochmal in aller Deutlichkeit zu sagen – bei jeder der hier gestellten Schreibaufgaben erlaubt. Denn wenn du kreativ mit einer unkreativen Übung umgehst, ist damit ja mehr gewonnen, als wenn du keine Lösung findest. Die Kreativität steckt also nicht immer im Ergebnis, sondern meist im Weg dorthin.

Wenn Dirk von Gehlen fordert, Kreativität nicht zu unterdrücken, kann das erst während oder sogar nach der Übung umgesetzt werden und nicht, bevor sie begonnen wird. »[I]nnovative Unternehmen zeichnen sich nicht dadurch aus, dass sie die kreativsten Köpfe beschäftigen, sondern vor allem dadurch, dass die weniger kreativen Köpfe die Phase des Widerspruchs und Bewahrens überwinden.« Nach Gehlen wäre genau der Moment, meinen Widerstand zu überwinden, jener, in dem ich mich entscheide, den zweiten Romansatz ebenfalls aufzuschreiben. Oder jener Moment, in dem ich mich (versehentlich) verschreibe und das Verschreiben zulasse, weil es dem zu kopierenden Text einen neuen (Un-)Sinn hinzufügt. Erst in jenem Augenblick löse ich mich vom eigenen Anspruch, alles richtig machen zu müssen.

3.6 Umgrenzen

»Ein allgemeiner Irrtum in Bezug auf Kreativität lautet, dass diese nur in absoluter Freiheit und ohne Grenzen entstehen kann«, schreibt Gehlen ganz richtig. Denn wo Endlosigkeit herrscht, herrscht Beliebigkeit – und die ist nicht kreativ, sondern langweilig. Deshalb profitieren wir vom Rahmen einer Schreibanweisung oder von begrenzten Werkzeugen. Es macht einen Unterschied, ob ich den Bus nehme oder das Fahrrad. Der Bus kann auf 50 km/h beschleunigen, muss aber an jeder Haltestelle stoppen. Mit dem Rad kann ich, auch wenn ich insgesamt langsamer bin, Schleichwege nehmen und das Rennen so gewinnen. Die Kreativität liegt also in den Bedingungen der Übung.

Übung 12

Schema F

Versuchen wir einmal, uns mit dem Faktor der Begrenzung durch eine Aufgabenstellung zu arbeiten, und zwar ganz konkret mit der räumlichen Begrenzung. Die folgende Seite zeigt mehrere Messkästen aus einem Lehr- und Arbeitsbuch für angehende Techniker. Vorlagen aus einem völlig anderen Bereich als dem kreativen zu nehmen, hat den Vorteil, mit interessanteren Strukturen zurechtkommen zu müssen als jene, die man schon beinahe auswendig kennt. Hier kommen die Schreibaufgaben:

1. Setze in die erste Schablone (S. 39) möglichst passend nach Größe der Lücken Wörter ein, die hintereinander gelesen einen korrekten, vollständigen Satz ergeben. Wenn du Schwierigkeiten hast, alle Lücken auszufüllen, kannst du versuchen, stattdessen zwei oder drei kürzere Sätze zu bilden.

2. In die zweite Schablone (S. 40) sollte jedes einzelne Kästchen mit möglichst vielen Wörtern ausgefüllt werden. Achte darauf, dass unter den Wörtern innerhalb eines Kästchens trotzdem ein Sinnzusammenhang besteht (ganzer Satz; nur Reimwörter; nur Adjektive ...).
3. Schreibe auf den Ergebnisbogen (S. 41) in jedes Feld hinter *a* = ein Adjektiv. Decke die *a*-Spalte ab und schreibe nun in jedes Feld hinter *b* = ein Nomen/Hauptwort. Versuche, dich dabei nicht an die Adjektive zu erinnern. Im besten Fall kommen ungewöhnliche Kombinationen dabei heraus, die dir weitere Schreibanlässe bieten:

grün — Kaninchen
weich — Natur
sonnig — Butterbrot

»Als ich neulich ein grünes Kaninchen sah, weichte mein Hirn auf. Die Natur zerfloss vor meinen Wimpernblicken, alles war weich und zäh. Die Sonne brannte auf mein Butterbrot – da wusste ich: Ich war nicht verrückt geworden. Aber im Liegen essen ist nicht gut, wenn einem der Honig ins Auge tropft.«

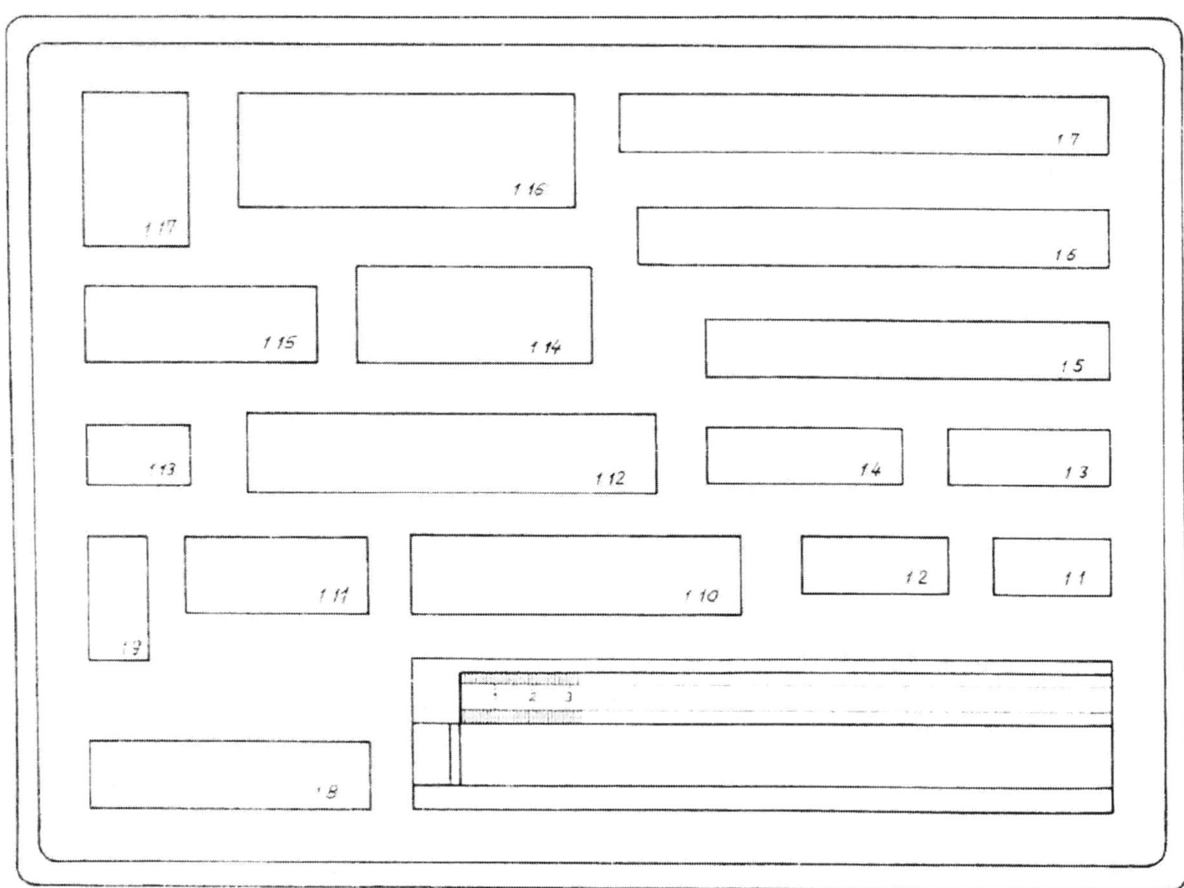

So ist aus der engen Begrenzung, die wir zunächst nur als Stütze für die reine Wortfindung benutzt haben, eine lustige kleine Geschichte geworden. Innerhalb des angesprochenen Rahmens kommt das Doppelprinzip von Kreativität und Unkreativität wunderbar zum Tragen, von dem Gehlen im Vorwort seines Buchs spricht:

> Kreativität beschreibt nämlich nicht nur den aktiven Schöpfungsakt (*creare*), der sich zum Beispiel in den ersten Worten der Bibel ausdrückt: *in principo creavit* (›Am Anfang schuf Gott Himmel und Erde‹). In Kreativität steckt auch das lateinische Wort *crescere*, was ›wachsen‹ und ›geschehen oder gedeihen lassen‹ bedeutet. Dieser eher passive Aspekt der Kreativität wird häufig unterschlagen – sowohl auf der persönlichen Ebene eines Creative Mindset, das nur den aktiven Part sieht, als auch auf der strukturellen Ebene der Organisationen, die Kreativität hervorzubringen vorgeben, diese aber nicht wachsen lassen können.

Ergebnisbogen

Name:

Punkte:

Zeit:

Meßteil 1.1 a = b =

Meßteil 1.2 a = b =

Meßteil 1.3 a = b =

Meßteil 1.4 a = b =

Meßteil 1.5 a = b =

Meßteil 1.6 a = b =

Meßteil 1.7 a = b =

Meßteil 1.8 a = b =

Meßteil 1.9 a = b =

Meßteil 1.10 a = b =

Meßteil 1.11 a = b =

Meßteil 1.12 a = b =

Meßteil 1.13 a = b =

Meßteil 1.14 a = b =

Meßteil 1.15 a = b =

Meßteil 1.16 a = b =

Meßteil 1.17 a = b =

Um etwas Großes zu bauen, brauchen wir nicht den einen, fertigen Legostein, sondern viele kleine, mit denen wir konstruieren, umbauen und je nach Bedarf verbessern können, was in der Umsetzung vom ersten Entwurf nicht taugte. Aus unseren Übungen soll also kein Roman entstehen, sondern bloß das, was wir uns in den einzelnen Übungen vornehmen. Die dabei entstehenden Fehler, Unsicherheiten und Irrtümer verlangen uns im jeweiligen Moment Entscheidungen ab, die nicht den *geplanten* Prozess, sondern das tatsächliche weitere Vorgehen kreativ machen.

Unkreativ sein bedeutet in diesem Sinne, Ideen zu minimieren statt aufzublasen; Vorschläge anderer herzunehmen und sie im Detail zu verbessern; sich Gehlens und Goldsmiths Methoden aneignen, sie mit Eigenem zu kombinieren, sodass z. B. ein schönes Werkbuch dabei entsteht. Ich integriere das, was um mich herum ist, in mein Vorhaben und *mache* etwas daraus bzw. lasse es wachsen. Dem Apple-Gründer Steve Jobs, der als besonders innovativ galt, wird das Zitat zugeschrieben: »Kreativität heißt bloß, Dinge zu verbinden.«

Es kommt darauf an, etwas zuzulassen, was wir sonst immer unterdrücken, weil wir alles richtig und korrekt machen wollen. Aber erst dadurch, dass wir Fehler machen, dass wir Dinge miteinander verbinden, die zunächst nicht zusammen gedacht waren (»Wäsche falten: Fischfrikassee«), wächst Kreatives. Erst durch eine Einengung der Möglichkeiten entwickeln wir Ideen: Wie kann ich ein Geschenkbuch basteln, wenn ich keinen Kleber, sondern nur Papier und eine Schere zur Hand habe?[12] Wie kann ich einen wichtigen Gedanken in Worte fassen, wenn mir dafür nur 17 Silben in drei Zeilen zur Verfügung stehen, wie es die Regel im europäischen Haiku ist?[13]

12 Die Bundeszentrale für politische Bildung gibt jedem ihrer *Spicker*, dem »Wissensspeicher zum Selberbasteln«, eine hilfreiche Faltanleitung mit: *v34h.de/spicker*.

13 Eine sehr anschauliche Haiku-Anleitung mit Beispielen findest du unter anderem hier: *v34h.de/haikuheute*.

Diese Muskeln der Kreativität entstehen durch gewissenhaftes Training, durch die Bereitschaft, neue Reize (oder eben Grenzen) zu setzen, die den Muskel anstrengen und fordern. Nur dann wird er wachsen. Oder wie es der Autor Bas Kast in seinem Kreativitätsbuch *Und plötzlich macht es Klick* formuliert: »Erst wenn wir es schaffen, aus unseren alten Denkgewohnheiten auszubrechen und von dieser gebräuchlichen Funktion abzusehen, kommen wir der Lösung auf die Spur.«

Kurz: Nehmen wir bei unseren Übungen einige Perspektivwechsel vor, betrachten unsere Umwelt als Fundus. Stellen wir Fragen und freuen uns über Fehler!

3.7 Umbauen

Ab und zu brauchen wir Veränderung. Wer sich keinen Urlaub leisten kann, dekoriert eben die Wohnung oder rückt Möbel. Wer wenig Platz in seiner Wohnung hat, aber vom Stamm der Sammler ist, räumt einzelne Zimmer oder manchmal die ganze Wohnung um, damit das Strand- und Sammelgut noch effektiver in die knapp bemessenen Ecken passt.

Spirituelle Berater würden an dieser Stelle unbedingtes Entrümpeln empfehlen, sich freimachen von realem wie geistigem Ballast. Der kreative und manchmal ingenieurhafte Charakter der Unternehmung *Raum verdichten* wird dabei vernachlässigt. In jedem Fall kann man den Zwiespalt erkennen: Ich gehe kreativ um mit etwas, das bereits vorhanden ist. Ich verändere Bestehendes so, dass das Bestehende erkennbar bleibt (es ist ja immer noch mein Wohnzimmer), aber einen neuen Charme bekommt, eine andere Atmosphäre atmet.

Man muss nicht gleich das Zimmer umräumen oder das Haus umbauen, um seiner unkreativen Ader freien Lauf zu lassen. Es genügt zu tun, was wir andauernd tun: Wir lesen ein Buch und stellen uns vor, wie es wäre, wenn es auch in unserer Welt einen Bahnhof mit einem Gleis 9 ¾ gäbe. Wir sehen die Tauben auf dem Vorplatz und denken bei einer eulengesichtigen, sich aufplusternden: Das könnte Hedwig sein. Anders gesagt: Wir mischen Fantasie und Wirklichkeit. Besondere Freude macht uns das bei Geschichten, die wir lieben, faszinierend finden oder die uns beeindrucken, gleich ob es sich bei den Vorlagen um Bücher oder Filme handelt.

Barbi Marković hat das 2006 mit einem Buch von Thomas Bernhard gemacht. In Bernhards Erzählung *Gehen* machen die beiden Hauptfiguren ebendies: spazierengehen. Der eine redet ohne Unterlass, der andere referiert, was der eine plappert – und wird unterdessen verrückt:

> Während ich, bevor Karrer verrückt geworden ist, nur am Mittwoch mit Oehler gegangen bin, gehe ich jetzt, nachdem Karrer verrückt geworden ist, auch am Montag mit Oehler. Weil Karrer am Montag mit mir gegangen ist, gehen Sie, nachdem Karrer am Montag nicht mehr mit mir geht, auch am Montag mit mir, sagt Oehler, nachdem Karrer verrückt und sofort nach Steinhof hinaufgekommen ist. Und ohne zu zögern, habe ich zu Oehler gesagt, gut, gehen wir auch am Montag, nachdem Karrer verrückt geworden ist und in Steinhof ist. Während wir am Mittwoch immer in die eine (in die östliche) Richtung gehen, gehen wir am Montag in die westliche, auffallenderweise gehen wir am Montag viel schneller als am Mittwoch, wahrscheinlich, denke ich, ist Oehler mit Karrer immer viel schneller gegangen als mit mir, weil er am Mittwoch viel langsamer, am Montag viel schneller geht. Aus Gewohnheit gehe ich, sehen Sie, sagt Oehler, am Montag viel schneller als am Mittwoch, weil ich mit Karrer (also am Montag) immer viel schneller gegangen bin als mit Ihnen (am Mittwoch). Weil Sie, nachdem Karrer

verrückt geworden ist, nicht mehr nur am Mittwoch, sondern auch am Montag mit mir gehen, brauche ich meine Gewohnheit, am Montag und am Mittwoch zu gehen, nicht zu ändern, sagt Oehler, freilich haben Sie, weil Sie jetzt Mittwoch *und* Montag mit mir gehen, Ihre Gewohnheit sehr wohl verändern müssen, sagt Oehler. Es sei aber gut, sagt Oehler ...

So geht das, sich steigernd, noch über neunzig Seiten weiter. Man ahnt bereits zu Beginn, wie aufreizend, die Nerven blanklegend die Lektüre des Buchs sein muss, und kann sich bewusst entscheiden, die Challenge anzunehmen.

Marković nimmt die Herausforderung nicht nur an, sondern überträgt die von Bernhard provozierte Manie auf ihren Alltag in Belgrad: Aus *Gehen* wird bei ihr *Ausgehen*, sie remixt Bernhards Text, versetzt ihn – und zwar über die komplette Buchlänge – in eine (ihre) zeitgenössische Disko- bzw. Clubbing-Wirklichkeit:

Während ich, bevor Bojana vom Clubben genug hatte, nur am Samstag mit Milica ausgegangen bin, gehe ich jetzt, nachdem Bojana vom Clubben genug hat, auch am Sonntag mit Milica aus. Weil Bojana am Sonntag mit mir ausgegangen ist, gehst du jetzt, nachdem Bojana am Sonntag nicht mehr mit mir ausgeht, auch am Sonntag mit mir aus, sagt Milica, nachdem Bojana jetzt genug hat und vor der Glotze klebt. Und ohne zu zögern, habe ich zu Milica gesagt, gut, gehen wir auch am Sonntag aus, nachdem Bojana die Nase voll hat und vor der Glotze klebt. Während wir am Samstag immer ins Basement (welches fancy ist) ausgehen, gehen wir am Sonntag ins Idiot (welches trash ist), auffallenderweise gehen wir am Sonntag viel früher als am Samstag, wahrscheinlich, denke ich, ist Milica mit Bojana immer früher ausgegangen als mit mir, weil sie am Samstag viel später, am Sonntag viel früher ausgeht. Aus Gewohnheit gehe ich, wie du siehst, sagt Milica, am Sonntag viel früher aus als am Samstag, weil ich mit Bojana (also am Sonntag) immer viel früher ausgegangen bin als mit dir (am Samstag). Weil du, nachdem Bojana die Nase voll hat, nicht mehr nur am Samstag mit mir ausgehst, sondern auch am Sonntag, brauche ich meine Gewohnheit, am Sonntag und am Samstag auszugehen, nicht zu ändern, sagt Milica, freilich hast du, weil du jetzt am Samstag *und* am Sonntag mit mir ausgehst, deine Gewohnheit sehr wohl ändern müssen, und zwar in einer für dich wahrscheinlich unglaublichen Weise, sagt Milica. Dub come save me/10-roots_manuva-witness_dub EINSTURZENDE NEUBAUTEN 2/Sound/1996 Ende Neu/03 – Die Explosion im Festspielhaus anna morozova—the bottom line. DJ Krush – Back in the Base/12 Dj Vadim – Call Me. dj hell – ebhm cd I – 09 – smith n hack – for disco play only.tuxedomoon/Divine/08. Queen Christina Martini Bros_flash (Tiga's acid flashback mix) Gutbucket – Live in Vienna/09 – Tango Abstractions Es ist aber gut, sagt Milica ...

Photo: DS Stories / Pexels

Übung 13

Dreh die Medaille noch einmal um

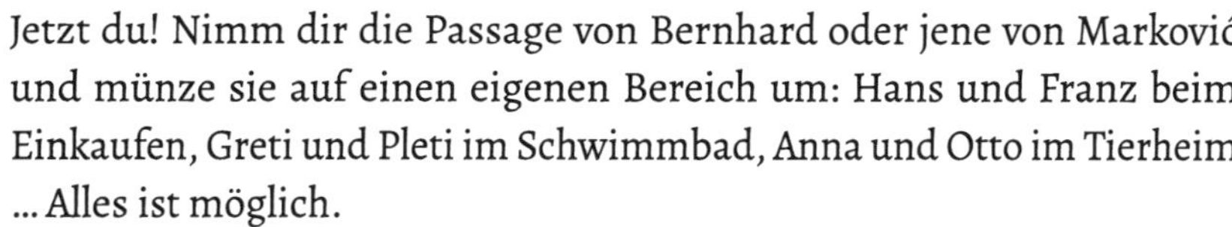

Jetzt du! Nimm dir die Passage von Bernhard oder jene von Marković und münze sie auf einen eigenen Bereich um: Hans und Franz beim Einkaufen, Greti und Pleti im Schwimmbad, Anna und Otto im Tierheim ... Alles ist möglich.

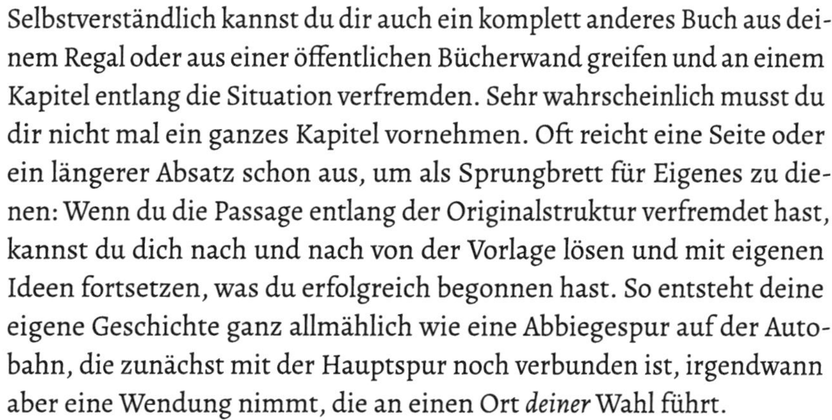

Selbstverständlich kannst du dir auch ein komplett anderes Buch aus deinem Regal oder aus einer öffentlichen Bücherwand greifen und an einem Kapitel entlang die Situation verfremden. Sehr wahrscheinlich musst du dir nicht mal ein ganzes Kapitel vornehmen. Oft reicht eine Seite oder ein längerer Absatz schon aus, um als Sprungbrett für Eigenes zu dienen: Wenn du die Passage entlang der Originalstruktur verfremdet hast, kannst du dich nach und nach von der Vorlage lösen und mit eigenen Ideen fortsetzen, was du erfolgreich begonnen hast. So entsteht deine eigene Geschichte ganz allmählich wie eine Abbiegespur auf der Autobahn, die zunächst mit der Hauptspur noch verbunden ist, irgendwann aber eine Wendung nimmt, die an einen Ort *deiner* Wahl führt.

Übrigens: Wenn du eher Gedichte schreibst, kannst du hier ganz wunderbar wieder Übung 8 anwenden oder als Ausgangspunkt deines Remixes statt einer Seite aus einem Roman gleich etwas Lyrisches nehmen. Ich selbst habe mir irgendwann das bekannte *Astern*-Gedicht von Gottfried Benn vorgenommen:

Astern
nach Gottfried Benn

Noch einmal die goldenen Herden
der Himmel, das Licht, der Flor,
was brütet das alte Werden
unter den sterbenden Flügeln vor?

Astern!

Astern bestern testern berstend sterben,
schwälend stundenlang blaugrau. Grüss gestern
Schwestern Esthern, destern festern Kastern
kannste kriegen; kratzen jastern Nüstern, lästern
Masken, asken Tastern, musst'n Sposti quastern
usibastern feilschen! Vei: was denn zastern?
Ix-Yps.

Die erste Strophe ist noch original, sie endet mit einem Fragezeichen. Ich habe aus einer herbstlichen Himmelslaune heraus versucht, eine Antwort auf die gestellte, zugegeben sehr abstrakte Frage zu formulieren. Der erste Teil meiner Anschlussstrophe sowie der Schluss äffen ein wenig Abc-Abzählreime für Kinder nach, außerdem habe ich wie ein echter Rapper versucht, alles auf alles zu reimen, inklusive fremdsprachiger Einschläge: z. B. könnte »jastern« eine Korrespondenz zu ›*yester*day‹ haben, »asken« zum Fragewort ›ask‹ und »quastern« etwas mit ›question‹ zu tun haben. Mit anderen Worten: Ich habe arg herumgesponnen, aber nicht ohne Sinn.

3.8 Umsehen

Vorhin habe ich das Bild von der Abbiegespur einer Autobahn benutzt. Wenn wir dieser Spur weiter folgen, kommen wir zu kleineren Straßen, Orten, Plätzen. Man könnte Barbara Marković Einfallslosigkeit vorwerfen, wenn man sieht, dass sie als Grundlage für ihr eigenes Buch eine komplette Geschichte von Thomas Bernhard heranzieht. Man könnte aber auch sagen, sie beruft sich auf eine gewisse spielerische Tradition. Das serbische Belgrad, wo Marković 1980 geboren wurde, ist nur etwa sechs Autostunden von der österreichischen Hauptstadt entfernt, wo die Autorin Germanistik studierte und lernte, wie man ›Sprache als Material‹ (siehe Kapitel 3.2) verwendet. Eins ihrer Bücher könnte man als Paradebeispiel für Unkreatives Schreiben bezeichnen: In *Graz, Alexanderplatz* notiert Marković einfach alles, was auf drei Stadtplätzen der steirischen Landeshauptstadt als Schrift präsentiert wird, also zu lesen ist. Marković *liest* den Jakominiplatz, den Hauptplatz und den Griesplatz:

> (2.11.2011) holding graz services israel ist der leuchtturm im mittleren osten ausgenommen linienbusse ausgenommen radfahrer kabelton lux kein mensch ist illegal statt luxus sms smileys for iphone kein mensch ist illegal bebop rodeo www.junge.gruene.at orsay orsay orsay orsay orsay thank god i'm a woman pulli rock armband bluse rock jacke gürtel schal grawe orsay blazer top rock schal kette jacke bluse short kette mütze casual luxury limited edition six swarowski holding graz services wasser wasser wasser sporgasse I., innere stadt rechtsanwaltskanzlei thurner-schaden rechtsanwälte swarowski ankünder der zingel an der waage malerei zeichnungen guido zingerl kpö-bildungszentrum ankündung der zingel an der waage malerei zeichnungen guido zingerl kpö-bildungszentrum ankünder sigi maron & the rocksteady allstars swarowski swarowski holding graz services hauptplatz I., innere stadt swarowski dr. peter schaden mag. werner thurner rechtsanwälte eingang sporgasse graz 11 hauptplatz kunde stichwort auftrags nr. wallride skateboarding wallride skateboarding gefunden move stadtpark/ forum abschiebung abschaffen rassismus bekämpfen auer martin auer allerheiligen striezel allerheiligenstriezel auer brot auer allerheiligen striezel coca-cola obermair staatliche auszeichnung […]

... und so weiter und so fort. Marković liest den Platz und erkennt: die Welt besteht aus Wiederholung. In Graz gibt es keinen Alexanderplatz, der Buchtitel *Graz, Alexanderplatz* verweist auf den berühmten Großstadtroman *Berlin Alexanderplatz* von Alfred Döblin. Als der Protagonist Franz Biberkopf nach einer Haftstrafe aus dem Gefängnis – also einer sehr eingeschränkten, reizarmen Umgebung – entlassen wird, überfordert ihn das Treiben der Großstadt völlig. Die Eindrücke prasseln 1929 auf ihn ein, wie die Leuchtreklamen, Werbeschilder, Aufkleber und Sachhinweise auf Barbara Marković 2012 einprasseln.

Sie hat neben Döblin aber noch ein anderes Vorbild: Georges Perec unternimmt zwischen dem 18. und 20. Oktober 1974 mehrmals den *Versuch, einen Platz in Paris zu erfassen*. Perec gehörte der experimentellen Literaten- und Mathematikergruppe *OuLiPo* an und beschäftigte sich auch in anderen Texten mit *Hintergrundgeräuschen des Alltags* oder machte *Anmerkungen zu den Gegenständen auf meinem Schreibtisch*. Im *Versuch, einen Platz zu erfassen* sitzt er vor einem Pariser Café und schreibt auf, was er sieht:

> Eine Frau hält ein Baguette in der Hand
>
> Ein 70er fährt vorbei [...]
>
> Ein 86er fährt vorbei. Ein 87er fährt vorbei. Ein 63er fährt vorbei.
>
> Leute stolpern. Mikro-Unfälle [...]
>
> Das Café ist voll
>
> Auf der zentralen Fläche des Platzes lässt ein Kind seinen Hund (Marke Struppi) rennen
>
> Unmittelbar neben dem Café, am Fuße des Schaufensters, zeichnet ein recht junger Mann an drei verschiedenen Stellen mit Kreide eine Art »V« auf das Trottoir, in dessen Inneren sich so etwas wie ein Fragezeichen andeutet (land-art?)
>
> Ein 63er fährt vorbei
>
> 6 Kanalreiniger (Mützen und hohe Gummistiefel) biegen in die Rue des Canettes ein.
>
> Zwei leere Taxis am Taxistand
>
> Ein 87er fährt vorbei
>
> Ein Blinder kommt aus der Rue des Canettes und geht vor dem Café vorbei; es ist ein junger Mann, mit ziemlich sicherem Schritt.

Du ahnst sicher schon, was jetzt kommt: Es wird Zeit, deinen gemütlich unkreativen Werkbuch-Sessel einmal zu verlassen. Stürz dich ins Abenteuer!

Platz, da!

Übung 14

Auch wenn dich der belebteste Platz oder die beliebteste Straße deiner Stadt zunächst vielleicht blendet wie Biberkopf, Perec, Bernhard und Marković: Nimm dir Schreibzeug mit (ein nicht zu schmales Notizformat, besser eine große A4-Kladde statt eines Mini-Büchleins), gehe die äußeren Ränder der Straße/des Platzes ab oder setze dich mit einer Limonade oder einem Kaffee an eine zentrale Stelle und notiere, was du siehst bzw. was du beobachtest.

- Schreibe *alles* auf, was zu lesen/zu beobachten ist, lasse nichts aus, aber füge auch nichts von dir aus hinzu.
- Halte die Übung eine gewisse Zeit lang durch (möglichst länger als 20 Minuten).

Diese Übung erscheint zunächst sehr eintönig (also wunderbar unkreativ), weil du dir Mühe geben musst, wirklich nur das aufzuschreiben, was tatsächlich da ist, und dabei möglichst nichts auslassen sollst. Das erfordert Kraft und Konzentration. Dafür wirst du mit spannenden Details und merkwürdigen, teilweise witzigen Zusammenhängen belohnt, die man im Alltag leicht übersieht oder nicht für beachtenswert hält.

Wenn du diszipliniert gearbeitet hast, bieten dir deine sachlich notierten Beobachtungen außerdem Stoff für viele kleine Kreativgeschichten nach eigenem Gusto. Beobachtest du beispielsweise zunächst sechs Kanalreiniger bei der Arbeit und dann kommt plötzlich ein Blinder um die Ecke, liegt eine witzig-gefährliche Story nahe, in der der Blinde ins Kanalloch fällt (»Leute stolpern«!), die Reinigmänner gar keine städtischen Angestellten, sondern Bösewichte sind, die einen Gegenspieler unauffällig verschwinden lassen, und der spielende Struppi die Polizei auf die richtige Fährte führt, weil er in der Mitte des Platzes einen herrenlosen Blindenstock ankläfft …

Aus der unkreativen Mühe wird also einmal mehr eine lohnende Materialgrube. Den Fundus kannst und darfst du nach Belieben kombinieren, erweitern und fortspinnen oder wie in Übung 8 zu einem Gedicht eindampfen. Treibt man das »Ich schau mal, was ich sehe, und schreibe es auf« auf die Spitze, kann man getrost auch Zahlen notieren, Farben oder Obstsorten. Georges Perec ging bereits in diese Richtung, indem er die Gegenstände notierte, die sich auf seinem Schreibtisch befanden. Hervé Graumann wandte diese Methode in eine graphische Richtung: Der Schweizer Künstler zeigt auf seiner Website eine laufende Uhr aus Hausnummern[14] und hat 1988 einfach mal sämtliche (englischen) Zahlwörter von 0 bis 100 nicht nach ihrem Wert, sondern alphabetisch geordnet:[15]

14 v34h.de/hausnruhr.

15 v34h.de/zahlwoerter.

eight
eighty-eight
eighty-five
eighty-four
eighty-nine
eighty-one
[...]
twenty-three
twenty-two
two
zero

Man kann das als Spielerei nehmen, man kann es künstlerisch sehen, man kann aber auch darüber philosophieren, dass ausgerechnet die 8 am Anfang steht und die 0 am Ende. Kippt man die 8, wird aus ihr das mathematische Unendlichkeitszeichen ∞. Wir gelangen in diesem wichtigen Zahlraum also von der Unendlichkeit zum Nichts!

Selbst in der deutschen Übersetzung funktioniert dieser Gedanke noch einigermaßen:

Acht
Achtundachtzig
Achtunddreißig
Achtundfünfzig
Achtundneunzig
Achtundsechzig
Achtundsiebzig
Achtundvierzig
Achtundzwanzig
Achtzehn
Achtzig
Drei
[...]
Zweiundsiebzig
Zweiundvierzig
Zweiundzwanzig
Zwölf

Das Unendliche reduziert sich hier auf die Zwölf – eine der wichtigsten Zahlen ganzer Kulturräume: 12 Jünger, 12 Geschworene, 12 Monate, 12 Tierkreiszeichen, bis hin zum *dreckigen Dutzend.*

16 v34h.de/farbabc.

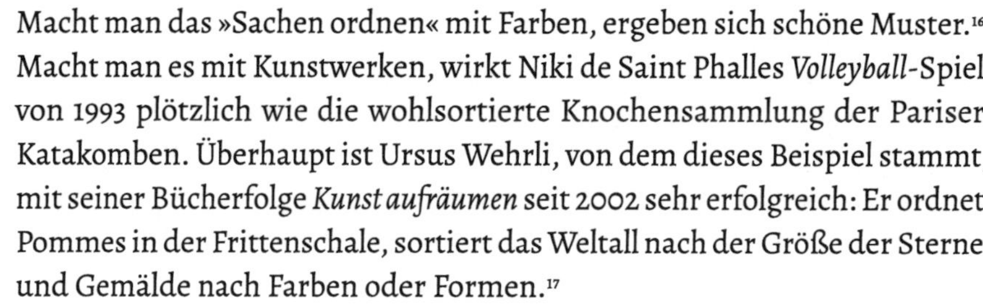

Macht man das »Sachen ordnen« mit Farben, ergeben sich schöne Muster.[16] Macht man es mit Kunstwerken, wirkt Niki de Saint Phalles *Volleyball*-Spiel von 1993 plötzlich wie die wohlsortierte Knochensammlung der Pariser Katakomben. Überhaupt ist Ursus Wehrli, von dem dieses Beispiel stammt, mit seiner Bücherfolge *Kunst aufräumen* seit 2002 sehr erfolgreich: Er ordnet Pommes in der Frittenschale, sortiert das Weltall nach der Größe der Sterne und Gemälde nach Farben oder Formen.[17]

17 v34h.de/wehrli.

Das kannst du auch! Der Unkreativität sind keine Grenzen gesetzt – und mittlerweile ist ja klar geworden, dass aus simpler Ordnungswut, aus Listen und Reihen interessante Zusammenhänge entstehen, die bereits kleine Geschichten erzählen.

Übung 15

Joghurt, Käse, Leberwurst

Probier doch mal aus, die Dinge in deinem Kühl- oder Vorratsschrank nach Form, Festigkeit oder Alphabet zu sortieren. Wenn S auf R folgt, gibt's heute zum Abendessen Raviolischokolade oder Reis-Schweppes. Gut möglich, dass einer der vielen Fernsehköche das als innovative Kreation empfehlen würde. Mindestens aber können wir nach dem Sortieren eine Geschichte erfinden, wie die Schokolade in die Ravioli kam ...

Ganz gleich, ob du deinen Kühlschrank abcdisierst oder das CD-Regal nach Farben aufstellst: Solche Übungen sind ein erster Schritt, das Unerwartete zu entdecken. Denn es ist da!

Und manchmal ist es gar nicht so unerwartet, sondern du musst es bloß mit einem anderen Sinnesorgan wahrnehmen. Statt zu sehen, kannst du auch hinhören.

In meinen Präsenzschreibkursen und in den AGs, die ich an Schulen gebe, führen meist zwei Übungen zu erhöhter Konzentration. Die eine ist das Schreiben von minimalistischen *Haiku*-Gedichten wie in Kapitel 3.6 erwähnt. Das andere ist *Automatisches Schreiben*: Man versucht, einfach drauflos zu schreiben, zu notieren, was einem gerade in den Sinn kommt, und sich nicht ablenken zu lassen bzw. die Ablenkungen beim Weiterschreiben in den Text einfließen zu lassen. Ein Wagen hupt? Jemand niest? Ich verspüre Hunger? Das schreibe ich einfach auf, auch wenn die Geschichte, die ich eigentlich erzählen will, dadurch gestört und sozusagen ›kaputtgeschrieben‹ wird.

Wenn man diese Methode verfeinert, kann man sie auch effektiv einsetzen, ohne sich von vornherein etwas vorzunehmen. Unlängst dokumentierte eine Schülerin den ›Metaverlauf‹ einer AG-Stunde folgendermaßen:

Abdul hat gehustet.
Aleyna und Madita auch.
Mishel hat geflüstert.
Mohammad denkt nach.
Crauss guckt.
Mishel hat gehustet.
Mishel fragt Abdul etwas.
Aber Abdul antwortet nicht.
Madita spricht.
Hamudi putzt sich die Nase.
Sham auch.
Sham hustet.
Crauss spricht.
Hamudi spricht auch.
Abdul spricht mit Sham.
Aleyna spricht.
Mohammad auch.
Sham flüstert.
Aleyna macht Geräusche mit dem Stuhl.
Crauss kommt heran.
Crauss flüstert.
Sham stöhnt leise.
Madita hustet.
Hamudi geht umher.
Mohammad geht auch.
Abdul hustet.
Mishel spricht viel.
Madita spricht auch.
Sham flüstert: »Oh nein!«
Madita gähnt zweimal.
Sie schreibt nicht.
Mishel flüstert.
Sham macht komische Geräusche.
Madita spricht mit Crauss.
Zhifei geht zu Crauss.
Abdul sagt etwas.
Madita macht komische Geräusche.
Crauss macht Handzeichen.
Mishel flüstert.
Madita denkt nach.
Crauss schimpft.
Mohammad macht die Tür zu.
Mishel geht aufs Klo.
Abdul putzt sich die Nase.
Crauss spricht.
Abdul spricht auch.
Und macht komische Geräusche.
Abdul sagt: »Hört auf!«
Crauss spricht.
Alle Kinder hören zu.
Abdul spricht.
Sham spricht auch.
Crauss spricht mit mir.
Abdul spricht mit Crauss.
Crauss spricht mit Hamudi und Mohammad.
Hamudi putzt sich die Nase.
Crauss spricht mit Hamudi.
Mohammad spricht mit Mohammad.
Madita spricht mit Crauss.
Sham rechnet.
Sham rechnet falsch.
Crauss spricht mit allen.
Crauss denkt, ich bin die Lehrerin.
Hamudi lacht.

3.9 Umwidmen

Hast du deinen Otter heute schon gewechselt?

Im öffentlichen Raum haben wir es immer wieder mit nonverbaler bzw. visueller Kommunikation zu tun, also Hinweisen, die ohne gesprochene oder geschriebene Sprache funktionieren und über Symbole oder vereinfachte graphische Darstellungen Informationen vermitteln. Ein Piktogramm kann aus einer bildhaften Darstellung von Objekten, aus Szenen, Zahlen oder Textelementen bestehen. Man teilt uns mit, was wir tun dürfen oder unterlassen sollen: Ein Blechbild zeigt an, dass sich in der Straße Zweiradfahrer, PKW und spielende Kinder die Fahrbahn teilen sollen; ein anderes, dass an einer Stelle mit breiten Strichen auf der Straße eine günstige Gelegenheit wäre, die Seiten zu wechseln; und wieder ein Schild verbietet uns, diese Straße überhaupt in einer bestimmten Richtung zu befahren. Was aber geschieht, wenn ich die Icons und Piktogramme nicht verstehe, weil ich aus einer komplett anderen Kultur komme? Halte ich das *Spielstraßen*-Emblem tatsächlich für abstrakte Kunst am Bau? Denke ich beim *Zebrastreifen*, hier hat jemand eine Vorzeichnung für einen Zaun aufgemalt, der demnächst die Straße sperren wird? Was sagt mir dann ein weißer Strich auf rotem Untergrund?

Die folgende Bildergeschichte taucht mit kleinen Abwandlungen immer mal wieder im Internet auf. Jemand hat sich den Spaß erlaubt, eine romantische Geschichte mit Hilfe von Verkehrszeichen – das Wort ist hier durchaus mehrdeutig zu verstehen – zu erzählen.

Sowas kann man selbstverständlich mit allen möglichen Varianten nichtsprachlicher Kommunikation machen. Wem beispielsweise am Flughafen langweilig wird oder wer am Bahnhof länger auf den Anschluss warten muss, kann sich die Piktogramme dort einmal genauer anschauen. Auch wenn man im Internet in der Bildersuche ›Piktogramme‹ bzw. ›pictograms‹ eingibt, trifft man schnell auf Bildsymbole, die zu einer Story anregen, erst recht, wenn man sie mit weiteren Graphiken kombiniert. Aber bleiben wir für die Dauer einer Übung noch bei den Verkehrsschildern:

Nach dem Mittagsschlaf	ging ich spazieren	ohne ein Ziel.	An einem verbotenen Ort	lag ein Mädchen vor mir.
Ich näherte mich vorsichtig.	Ich war hin und her gerissen.	Die Schranken fielen schnell,	wir tranken Kaffee	in meinem Wohnwagen
und dann ging's ins Bett.	Ich war sehr erregt.	Sie legte ein Bein zur Seite	und dann auch das zweite Bein.	Wir schleuderten ins Vergnügen!
Sie war keine Jungfrau mehr.	Nahm sie die Pille?	Ich hatte keine Kondome dabei!	Es war sehr schön,	alles drehte sich,
wir waren im 7. Himmel.	Lust und Verlangen steigerten sich.	STOP schrie sie!	Achtung, Gefahr!	Sie hatte die Pille vergessen!
Zu spät! Zurück konnte ich nicht.	Sie wurde schwanger,	die Welt stürzte ein.	Heiraten war angesagt,	wir tauschten die Ringe.
8 Monate später kam ein Anruf	aus dem Krankenhaus:	Es waren Zwillinge!	Wir waren eine glückliche Familie.	Aber zu welchem Preis?

Sinnbilder meines Lebens

Übung 16

Schau dir im Netz oder bei einem Spaziergang durch die Stadt einmal bewusst alle möglichen Verkehrszeichen an. Zeichne sie ab oder mach ein Foto von den interessanteren und entwickle dabei eine eigene kleine Abenteuergeschichte nach dem Vorbild oben.

Selbst wenn du nur wenige Schilder in deiner Umgebung findest – oder wenig Zeit hast –, kannst du versuchen, jedes einzelne absichtlich ›falsch‹ zu verstehen, so wie ich es oben beim Spielstraßen- und Zebrastreifenschild getan habe.

3.10 Um-Schreiben

Auch wenn wir mit Vorgefundenem arbeiten, mit Texten, die wir ›nur‹ verwenden, um über sie auf eigene Ideen zu kommen, steht am Ende eine Überarbeitung des Ganzen an, das Feilen an Feinheiten, das Korrigieren von krummen Wendungen.

Für die Hobbyschreiberin* hat eine Überarbeitung nicht oberste Priorität. Vielleicht hat dir der Kurs vor allem dazu gedient, aktiv zu werden, dich selbst zu motivieren, deine Umgebung etwas genauer zu betrachten. Wenn du aber nicht nur »einfach Lust auf Schreiben und Erfinden« hast, sondern deine Gedichte, Geschichten, Listen und Reihentexte wie kleine Schätze behandelst, aus den Fundstücken also etwas eigenes machst, besteht jederzeit die Möglichkeit, ein Selbstlektorat vorzunehmen. Dabei kann und sollte man ein paar Dinge beachten, die in einem späteren Werkbuch noch genauer erläutert werden. Ein paar Tipps kann ich dir aber auch hier schon geben.

Warte, warte nur ein Weilchen!

Wer sich zu schnell ans Lektorat seiner Texte begibt, sieht womöglich nicht so scharf, was überhaupt einer Überarbeitung bedarf und was unbedingt so, wie es ist, stehenbleiben sollte, weil er noch zu sehr im Produktionsprozess, im Finden und Erfinden gefangen ist. Oft bemerkt man erst nach einer Weile, dass eine Wendung, die man zunächst für plump hielt, gerade durch ihre Schlichtheit besticht. Oder umgekehrt: Der ach so geniale Einfall entpuppt sich mit ein bisschen Abstand als überzogener Schwulst. Deshalb ist es sinnvoll, ein paar Tage abzuwarten, bevor man sich seinen Werken erneut widmet.

Streiche sanft und zart!

Nicht erst beim Überarbeiten, sondern bereits beim Schreiben sollte man sich Tintenkiller und allzu gründliches Durchkrakeln selbst verbieten. Wer Texte in den Computer tippt, darf copy & paste verwenden, die Löschtaste aber frühestens beim Verbessern nach ein paar Tagen oder Wochen. Denn was weg ist, ist weg – und du glaubst nicht, wie schnell ein falsch geschriebenes Wort auch aus dem Gedächtnis verschwindet, obwohl es eventuell später (an der gleichen oder an anderer Stelle) nochmal gebraucht wird, weil es poetischer klingt als das, was man ersatzweise gefunden hat. Wer ein Gedicht über einen verliebten Biologen schreibt, der vor Aufregung rot im Gesicht wird und Nasenbluten bekommt, tut sehr gut daran nochmal zu überlegen, ob das versehentlich falsche Wort »Brutkörperchen« (statt dem ursprünglich gewollten »Blutkörperchen«) nicht viel besser passt: »In der Petrischale keimen die Gefühle …«

Genug ist genug!

Es geht darum, überflüssige Wendungen zu streichen, seinen Text noch weiter zu verdichten und auf das Wesentliche zu reduzieren, ohne dass er auseinanderbricht wie eine Skulptur, an der man zu lange herumgefeilt hat und die deshalb Risse bekommt. Die Kunst des Überarbeitens besteht darin, ein mindestens ebenso feines Gespür wie beim Schreiben zu entwickeln, wann ein Text fertig oder zumindest nicht mehr zu verbessern ist. Manchmal muss man radikal vorgehen und aus einem dreistrophigen Gedicht zweieinhalb Strophen eliminieren, weil das, was man sagen wollte, bereits in zwei Versen gesagt ist. In Übung 8 haben wir das Zusammenstreichen ja bereits ausprobiert. Ein anderes Mal genügt es, ein einziges Wort zu verändern, um das Ganze flüssiger klingen zu lassen.

4 Zusammenfassung

Was haben wir bis hierher erreicht? Zunächst ist uns klargeworden, dass Unkreativität nichts mit Einfallslosigkeit zu tun hat – im Gegenteil: Oft braucht die Inspiration einen Moment, um zu zünden. Wir müssen uns beim Schreiben wie beim Lesen also Zeit lassen. Manch interessante Idee, manch unerwarteter Zusammenhang entsteht aus einem Fehler. Und kleinere Fehler machen wir alle häufig, nicht wahr? Wenn wir uns verlesen oder verschreiben, kann das sehr produktiv werden, das bedeutet: Dann ist es überhaupt kein Fehler mehr. Das kannst du üben, bewusst herbeizuführen.

Eine erste Übung kann darin bestehen, vorhandene Texte auseinanderzunehmen und neu zusammenzusetzen. Denn Textmaterial ist im digitalen Zeitalter genügend vorhanden, ohne dass wir bewusst neues hinzufügen müssten.

Der wichtigste Ansatzpunkt dieses Kurses ist also, mit dem zu arbeiten, was ohnehin vorhanden ist – egal, ob es sich dabei um Texte, Bilder oder Formatvorlagen wie eine Zeichenschablone handelt. Zum Sammeln gehört dann eben auch das Kopieren von Fragmenten. Denn kreativ zu sein ist ein Prozess und nicht unbedingt ein Ergebnis. Schreiben ist kein Wettkampf, sondern spielerisches Ausprobieren. Erinnere dich, wie du als Kind von den Größeren gelernt hast: durch Nachahmung, trial & error, durch Kopieren also.

Dabei hat produktives Kopieren immer auch mit Unschärfen zu tun, mit Abweichungen vom Original, ggf. über den Umweg eines neuen Kontexts der kopierten Stelle (wenn es sich um Text handelt) oder der kopierten Verhaltensweise. Auch eine lückenhafte oder eine bewusst falsche Erinnerung kann dir helfen, eine Geschichte neu zu erfinden: Erweitere, füge etwas hinzu, straffe – und schon entsteht dein eigenes Märchen.

Einerseits kann dir also eine zu große Fixierung aufs Schreibziel (»Es muss etwas Originelles dabei herauskommen«) bereits das Beginnen erschweren, andererseits kann es verhindern, dass du interessante Zwischenschritte wahrnimmst: Der Weg ist das Ziel – und auf diesem Weg liegen nicht nur poetische Unfälle und romantisch Halbfertiges, sondern auch Raststätten der Eintönigkeit. Keine Angst, *gerade* an diesen Orten lauert dir das Unerwartete auf, der Straßenköter, der von den Zielerreichern zurückgelassen wurde und der nur mal gebürstet werden müsste, um sich als Himmelhund der Drolligkeit zu erweisen. Nimmst du ihn mit?

Mit anderen Worten: Wenn aus dem Unkreativen etwas Kreatives werden soll, braucht es Zeit. Pausen im Arbeitsprozess sind wichtig, auch Langeweile, Leerlauf. Erst dann entsteht die notwendige Spontanität, die aus dem ›Material‹ etwas Zusammenhängendes macht.

Es geht also darum, die Welt etwas *anders* zu sehen. Wirf einen neuen Blick auf deinen Alltag, auf Gegenstände, die du sonst gar nicht mehr wahrnehmen würdest. Es geht darum, *überhaupt* bewusst wahrzunehmen, womit wir es im Alltag zu tun haben: Gewohnheiten, Routinen, Regelungen, Bildsignalen, Schablonen. Es ist eine Entscheidung, die du selbst triffst. Nicht jedesmal neu, wenn du z. B. deine Morgenroutine erledigst und rechtzeitig aus dem Haus musst. Aber in den Momenten, wo du dir die einzelnen Bestandteile dieser Morgenroutine vergegenwärtigst. In jeder perfekten Umgebung steckt ein kleiner Fehler, in jeder Routine etwas, das diese Routine – im positivsten Kreativsinn – stört.

Und so, durch genaues Schauen einerseits und die Begrenzung der Möglichkeiten andererseits, kommt schließlich das Doppelprinzip von Unkreativität und daraus entstehender neuer Kreativität voll zur Geltung.

Das Werkbuch hat viel erreicht, wenn du dir ein klein wenig sicherer geworden bist beim Drauflosprobieren, beim Fehlerfinden und bei Formatversuchen, die deinen Blick gerade durch Einengung, also Zukneifen der Augen, etwas weiter gemacht haben ... Das beste, was der Kurs dazu beitragen konnte, war, dir einige Impulse dazu zu geben.

Auf der folgenden Seite kannst du selbst nochmal in Stichworten notieren, was dir wichtig war und was du aus dem Werkbuch mitnimmst.

Was habe ich durch dieses Werkbuch über mich selbst gelernt?

Was habe ich durch dieses Werkbuch über das Schreiben als Prozess gelernt?

Was habe ich durch dieses Werkbuch über meine Umgebung gelernt?

Welche Übung war zu schwierig? Wie würde ich diese Übung gestalten, wenn ich sie einem Freund* vermitteln wollte?

Welche Übung war zu simpel oder hat das Konzept des Werkbuchs nicht weitergebracht?

....

....

....

....

....

....

Weitere Ideen oder Anmerkungen:

....

....

....

....

....

....

....

....

....

....

....

....

....

....

....

....

Wenn du möchtest, kannst du diese Seiten heraustrennen oder einscannen/abfotografieren und per E-Mail direkt an den Autor zurücksenden. Meine Adresse findest du am Ende des Werkbuchs. Ich bin dankbar für deine Rückmeldung.

Denn, um es mit Jonis Hartmann zu sagen: »Es wäre so schön, wenn du mir nur einen Satz sagen könntest und ich würde ihn wiederholen.«

5 Zum Schluss

Ich hoffe, dieses Werkbuch und die einzelnen Schreibübungen haben dir nicht nur Spaß gemacht, sondern dich hier und da auch zum Weiterschreiben animiert. Vieles von dem, was ich in Aufgabe und Text angeregt habe, kannst du ganz sicher auch in anderen Zusammenhängen anwenden: Beim Kreativen Schreiben generell, bei der Biographiearbeit, vielleicht siehst du aber auch unabhängig vom Schreiben die Welt mit anderen Augen. »Die ganze Welt muss poetisiert sein« – so die Auffassung des Romantikers Novalis. Also poetisieren wir uns zum Schluss nochmal und singen gemeinsam:

> i never knew you, you never knew me,
> say hello, wave goodbye[18]

18 *v34h.de/softcell.*

Hoffentlich bis zum nächsten Werkbuch oder Workshop in Präsenz!

6 Der Autor

6.1 ... als Dichter

Crauss wurde ab Mitte der 1990er Jahre durch neue, produktive Verfahren einer Videoclip-Ästhetik in der Lyrik einem breiteren Publikum bekannt. Darunter ist der Versuch zu verstehen, was in Musikvideos zu sehen ist – Überblendung von Bildern, rhythmisierte Bildschnitte, Videoartefakte wie Verzerrung, Zeitlupe etc. – so auf Gedichte zu übertragen, dass einerseits die Effekte der Videotechnik im Sprach- und Schriftbild erkennbar werden, andererseits zu alldem *nur* Sprache zur Verfügung steht und der Verzicht auf Begleitmedien, -technika und -musiker möglich ist. Eine Konsequenz dieser Bemühung war die Etablierung von Remixes in der Lyrik, ähnlich wie man sie auf Schallplatten mit Maxi-Versionen findet. Dabei war es unerheblich, ob Crauss sich als ›Poet Jockey (PJ)‹ mit eigenen Texten beschäftigte oder mit den jetzt als ›Material‹ begriffenen Gedichten anderer Autoren.

Das gleiche Prinzip, nämlich möglichst ausschließlich mit den eigenen begrenzten Bordmitteln zu arbeiten, etablierte sich im Langzeitprojekt *Gesprochene Lieder*. Entstanden aus dem Interesse, fremdsprachigen Liedern einen deutschen Text zu geben, ohne 1:1-Übersetzungen zu produzieren, entwickelte sich ein Konvolut an Performancetexten, die bemüht sind, alles, was musikalisch in den Songs und Chansons geschieht, in den Text und den Textvortrag zu retten.

Es geht hier um die Gleichzeitigkeit der Wiedererkennbarkeit einer Musik (beispielsweise wenn Crauss seine eigene Version von Robbie Williams' *me and my monkey* schreibt) sowie der Eigenständigkeit der neu- und weitergetexteten Lyrics. Denn Crauss ist ein schlechter Übersetzer, wie er in einem Interview zugab: »Wirklich jedes Mal, wenn ich versuche, eins der Lieder einfach zu übersetzen, klingt die Musik in mir und treibt mich vor ins Selberdichten. Ich kann nicht anders als meinem Poetierchen ein wenig Auslauf zu geben.«

Crauss' eigene Gedichte wurden in mehr als zehn Sprachen übersetzt, mit wichtigen Stipendien gefördert und mit Literaturpreisen ausgezeichnet. Daneben entstehen populärwissenschaftliche Essays, Buchkritiken, und immer wieder arbeitet er an der Schnittstelle zu anderen Künsten, beispielsweise mit einer Sprech-Oper, Bildtexten und Hörfilmen. Die Website *www.crauss.de* gibt einen Überblick über bisherige Einzel-, Buch- und CD-Veröffentlichungen.

6.2 ... als Workshopleiter

Als Kulturpädagoge arbeitet Crauss sowohl in der Erwachsenen- als auch der Jugendbildung. Zwischen 2004 und 2018 war er mit Lehraufträgen in der Sprachpraxis Germanistik an der Universität Siegen betraut. Die Wahlpflichtkurse *Kreatives Schreiben*, *Texte Sprechen* (Praktische Rhetorik) oder *Professionelles Schreiben* besuchten Studierende, die heute selbst Pädagogen, Journalisten oder Schriftsteller sind.

Schreibworkshops richtet Crauss für individuell Interessierte als auch für Gruppen und Institutionen aus. *Kreatives Schreiben für Unternehmen* etwa macht Schwierigkeiten in einer Gruppe oder in einem Unternehmen formulierbar und damit auch vergleichbar. Der Standpunkt des Einzelnen wird auf Figuren verlagert, was den Vorteil hat, einerseits ehrlicher mit sich selbst oder einer Situation umgehen zu können, andererseits Lösungsmöglichkeiten durchspielen zu können, ohne langwierige und umständliche Evaluierungsprozesse oder unangenehme Regelverstoßmaßnahmen in Gang setzen zu müssen. Mit Methoden assoziativen Konstruierens entwickelt der Workshopleiter mit den Teilnehmern eine Ausdrucksfähigkeit und damit eine Verbesserung der Visualisierung von Themen und Problemen.

Schreiben für die Biographiearbeit bedeutet ganz ähnlich, einen Motor zur Selbstentdeckung und zum Erkenntnisgewinn mit den Teilnehmenden zu entwickeln und dadurch ein Bindeglied zu schaffen zwischen einer stolzen Rückschau auf das eigene Leben und dem Erreichen weiterer Ziele. Wer sich nicht vorstellen kann, wie eine Geschichte sich ereignen könnte, entwickelt nur wenig Mut, seine eigene Zukunft zu gestalten. Kreatives biographisches Schreiben macht, ähnlich einer systemischen Aufstellung, Schwierigkeiten, die aus Beziehungen zu anderen Menschen entstehen formulierbar und dadurch handhabbar.

Beide Ansätze, jener zur strategischen Lösungsfindung und jener zur produktiven Rückschau, spielen auch in diesem Werkbuch zum *Selbstbewussten Schreiben* eine gewisse Rolle. Es kann helfen, sich der eigenen Qualitäten zu versichern, sich neu ›in Pose‹ zu werfen und die Scheu abzulegen, sich auf die eigene Schulter zu klopfen. Unsicherheiten in Bezug auf den eigenen Lebensstil und die Lebensziele werden dann in Selbstbewusstsein umgemünzt.

In der Erwachsenenbildung leitet Crauss seit 2017 den Unterricht eines sozialen Trägers für Jobcenter-Eingliederungsmaßnahmen, gibt darüber hinaus aber auch frei buchbare Starthilfe mit PC-Trainings, Bewerbungscoachings sowie Unterrichtseinheiten zu Kernkompetenzen und zur Gesundheitsförderung (Lebenspraktische Fertigkeiten, Schlaf- und Ernährungsverhalten, Sucht- und Schuldenvermeidung, Orientierungsunterricht).

Photo: marvellous

6.3 … als Vortragender

Als Performer bedient Crauss nicht nur Lesungen mit eigenen Texten in privaten Wohnzimmern wie in Kulturhäusern, sondern leitet ebenso elegant wie informativ durch Themenvorträge auf der Spielbreite zwischen Populärwissenschaft und Belletristik. Titel und Themen können beispielsweise sein:

- Die Entwicklung des Telephon- und Postwesens
- Geheimagenten
- Menschen im Hotel
- Jäger, Wald und Wiese
- Jahreszeiten allgemein
- Weihnachten
- Masken in verschiedenen Kulturen
- Der Name der Rose (Filmvortrag)
- Heimat/Die Zweite Heimat (Filmvortrag)
- Musik und die Entwicklung der Synthesizer
- Das Geheimnis der Nacht
- Original, Kopie und Fälschung
- Pest und Cholera
- Tiere und Tierisches (humorig)
- Vampire und Wiedergänger
- Verbrechen und Fahndung
- Der Weltuntergang

Daneben können etwa im Rahmen wiederkehrender Altennachmittage, Gesellschaften etc. auch Wunschthemen vereinbart werden.

6.4 … als Dienstleister

Crauss hat für mehrere Medienagenturen (u. a. die lettische *MOOZ*) gearbeitet und bringt aus diesem Bereich Erfahrungen im Verfassen von Imagetexten und Copy Writing mit. Effizientes Korrektorat sowie Lektorat von Bachelor-, Diplom- und Masterarbeiten aller Fachrichtungen als auch literarischer Aufsätze und Manuskripte sind buchbar.

7 Bücherliste

Benjamin, Walter: Das Kunstwerk im Zeitalter seiner technischen Reproduzierbarkeit. (Zweite Fassung). In ders.: Gesammelte Werke II. Frankfurt a. M.: Zweitausendeins, o.J.

Benn, Gottfried: Gesammelte Werke in zwei Bänden. Hg. v. Dieter Wellershoff. Wiesbaden: Limes Verlag, 1968.

Bernhard, Thomas: Gehen. Frankfurt/M.: Suhrkamp, 1971.

Brecht, Bertolt: Vom ertrunkenen Mädchen. In: ders.: Die Gedichte in einem Band. Frankfurt/M.: Suhrkamp, 1981, S. 252.

Burroughs, William S.: The Ticket that exploded. New York: Grove Press, 1967.

Crauss: DIE HARTE SEITE DES HIMMELS. pilotengedichte. Berlin: Verlagshaus Berlin, 2018.

Crauss: SCHUNDFAKTOR. Hybride & Destillate. Berlin: Verlag Dreiviertelhaus, 2018.

Döblin, Alfred: Berlin Alexanderplatz. Die Geschichte vom Franz Biberkopf. Frankfurt/M.: Fischer, 2020.

Eco, Umberto: Der Name der Rose. Roman. Aus dem Italienischen von Burkhart Kroeber. München: Hanser, 1982.

Gehlen, Dirk von: Anleitung zum Unkreativsein. Auf anderen Wegen zu neuen Ideen. Bonn: Rheinwerk Verlag, 2021.

Gehlen, Dirk von: Mashup. Lob der Kopie. Berlin: Suhrkamp, 2011.

Goldsmith, Kenneth: Uncreative Writing. Sprachmanagement im digitalen Zeitalter. Aus dem Amerikanischen übersetzt von Swantje Lichtenstein und Hannes Bajohr. Erweiterte Ausgabe. Berlin: Matthes & Seitz, 2017.

Grimm, Jacob & Wilhelm: Deutsches Wörterbuch von Jacob und Wilhelm Grimm, Erstbearbeitung (1854–1960), online: *v34h.de/lustigkeit*.

Brüder Grimm: Die Hand mit dem Messer. In: Kinder- und Hausmärchen. Band 2, Ausgabe letzter Hand mit den Originalanmerkungen der Brüder Grimm, mit einem Anhang sämtlicher, nicht in allen Auflagen veröffentlichter Märchen und Herkunftsnachweisen hg. v. Heinz Rölleke. Stuttgart: Philipp Reclam jun. 2003, S. 450.

Kast, Bas: Und plötzlich macht es Klick! Das Handwerk der Kreativität oder: Wie die guten Ideen in den Kopf kommen. Frankfurt/M.: Fischer, 2015.

Marković, Barbi: Ausgehen. Aus dem Serbischen von Mascha Dabić. Frankfurt/M.: Suhrkamp, 2009.

Marković, Barbara: Graz, Alexanderplatz. Graz: Leykam, 2012.

Mayröcker, Friederike: brütt oder Die seufzenden Gärten. Frankfurt/M.: Suhrkamp, 1998.

Opitz, Martin: Buch von der deutschen Poeterey [Nachdruck des Buchs von 1624]. Hg. von Cornelius Sommer. Stuttgart: Reclam, 1970.

Perec, Georges: Versuch, einen Platz in Paris zu erfassen. Aus dem Französischen u. mit einer Nachbemerkung von Tobias Scheffel. Konstanz: Libelle Verlag, 2010.

Richter, Hans Werner: Wie entstand und was war die Gruppe 47? In: Neunzig, Hans A. (Hg.): Hans Werner Richter und die Gruppe 47. Mit Beiträgen von Walter Jens, Marcel Reich-Ranicki, Peter Wapnewski u. a. München: Nymphenburger, 1979.

[Sebald, W.G.]: W. G. Sebald's Writing Tips. The Collected ›Maxims‹, recorded by David Lambert and Robert McGill (2001), online: *v34h.de/sebald*. Übersetzt und kompiliert von Crauss.

Weibel, Peter (Hg.): Die Wiener Gruppe. Ein Moment der Moderne 1954–1960. Wien, New York: Springer, 1997.

Wenn du möchtest, kannst du Crauss deine Anregungen, Wünsche, deine Überlegungen von Seite 59/60 oder auch einfach die Ergebnisse der Schreibübungen zukommen lassen. Nicht in jedem Fall ist eine ausführliche Antwort möglich, der Autor ist aber dankbar für Rückmeldungen!

E-Mail: *workshop@crauss.de*

Impressum

Verlag Dreiviertelhaus GbR
Ahornstraße 30 · 12163 Berlin
www.dreiviertelhaus.de

Lektorat: Marcel Diel
Korrektorat: Benedikt Viertelhaus
Gestaltung und Satz: Henning Hraban Ramm
Photos: H. Ramm, Crauss (sofern nicht anders angegeben)
Umschlag-Hintergrund: Thommy Weiss / pixelio.de
Druck: Druckhaus Nord, Gravenstein (DK)

Die Deutsche Bibliothek – CIP Einheitsaufnahme
Ein Titeldatensatz für diese Publikation ist bei der Deutschen Bibliothek erhältlich.

ISBN 978-3-96242-502-9